ABIcrash

AUFGABENSAMMLUNG

W0171615

OBERSTUFENWISSEN
MATHEMATIK

GYMNASIUM

MARBA GmbH
Education For A New Generation
©ABIcrash

Mundsburger Damm 1
22087 Hamburg
www.abicrash.com

Projektleitung:
Marvin Balletshofer und Paul Bergold

Autoren im Auftrag von ABIcrash:
Sabrina Primus und Florian Rasshofer

Grafik:
Simon Burks und Miruel Tiebe

Cover:
Leonardo Wassermann

Wenn Du Fragen, Anmerkungen oder Vorschläge zu diesem Dokument hast, dann
sende uns diese bitte an folgende E-Mail-Adresse: marba-verlag@abicrash.com

MARBA Verlag
Auflage 2021/1
ISBN 978-3-949121-01-2

VORWORT

Liebe Leserin, lieber Leser,

mit dem Ziel, Schüler*innen den Spass am Fach Mathematik zu vermitteln, begann der visionäre Student und Gründer von ABIcrash, Marvin Balletshofer, ein eigenes Nachhilfekonzept zu entwickeln und brachte 2017 erste Kursgruppen erfolgreich zum Abitur.
Marvins Entschiedenheit, glückliche Begegnungen und die wachsende Nachfrage an Vorbereitungskursen steuerte ABIcrash innerhalb der ersten zwei Jahre zu einem der erfolgreichsten Bildungs-Start-ups Deutschlands mit Schwerpunkt Mathematik.

Passend zu unserem ABIcrash-Skript findest Du in diesem Buch knapp 300 Aufgaben, unterteilt in drei Leistungsniveaus und grundlegende Aufgabentypen, die Dich in den Bereichen Analysis, Lineare Algebra und Stochastik flächendeckend auf die bevorstehende Abiturprüfung vorbereiten. Jedes ABIcrash Produkt trägt unseren Anspruch mit sich, hochqualitative Bildung cool und schülernah zu gestalten, sodass gemeinsames Lernen mit Spass zu Erfolgsgeschichten führt!

Wir empfehlen die Verwendung dieser Aufgabensammlung und des entsprechenden Lösungsbuchs mit folgenden Hilfen:

ABIcrash-Skript:

Alles, was Du fürs Abitur wissen musst auf knapp 300 Seiten. Aufgeteilt in die Kapitel Grundlagen, Analysis, Lineare Algebra und Stochastik, handelt es sich bei unserem Skript um den perfekten Leitfaden für Deine Prüfungsvorbereitung.

ABIcrash-Checklisten:

Diese bundeslandspezifischen Themenlisten beinhalten eine Übersicht der stofflichen Anforderungen in Deinem Bundesland. Ausserdem kannst Du mit ihnen Deinen Fortschritt bis zur Abiturprüfung oder von Kurs zu Kurs (Kombipaketbuchung) hervorragend nachvollziehen.

ABIcrash-Kurse und virtuelle Einzelcoachings:

Neben Präsenzkursen in über 60 deutschen Städten haben wir auch virtuelle Einzelcoachings und Online-Angebote, mit denen Du den ABIcrash Effekt zu Dir nach Hause holen kannst!

UMGANG MIT DER AUFGABENSAMMLUNG

Alle Aufgaben sind nach Themengebieten in drei Leistungsniveaus und grundlegende Aufgabentypen unterteilt. Bei den grundlegenden Aufgaben handelt es sich um einfache Beispiele, die Dir einen stressfreien ersten Kontakt (ohne Transferleistungen) mit dem jeweiligen Themengebiet ermöglichen sollen. Die drei Leistungsniveaus sind durch unsere Chilischoten gekennzeichnet und verdeutlichen, wie „scharf" die Aufgaben von uns eingeschätzt worden sind.

Aufgaben auf diesem Niveau sind an den Bereich zwischen 0 und 5 Notenpunkten angepasst. In der Abiturprüfung finden sich erfahrungsgemäss vereinzelte Aufgabentypen auf diesem Anforungsniveau.

Aufgaben auf diesem Niveau sind an den Bereich zwischen 5 und 10 Notenpunkten angepasst. Hier ist schon etwas mehr Transferleistung gefragt. In der Abiturprüfung finden sich erfahrungsgemäss mehrere Aufgabentypen auf vergleichbarem Anforderungsniveau.

Aufgaben auf diesem Niveau sind an den Bereich zwischen 10 und 15 Notenpunkten angepasst. Hierbei handelt es sich um Aufgaben, die in vielen Fällen das Niveau der Abiturprüfung widerspiegeln.

Hinweise zum Arbeiten mit der Aufgabensammlung in unseren Kursen:

Einmalige Teilnahme:
Hier gibt es eigentlich nicht viel zu beachten. Während der Übungsphasen hast Du die Möglichkeit, Dich bei jedem Thema in ein passendes Leistungsniveau einzuteilen. Am besten notierst Du mithilfe unserer Checkliste, welches Leistungsniveau Du jeweils behandelt hast. Bei Deiner anschliessenden Vorbereitung Zuhause solltest Du dann daran arbeiten, Dein Leistungsniveau systematisch zu steigern. Denke daran, dass Dir bei Schwierigkeiten unsere virtuellen Einzelcoachings zur Verfügung stehen.

Mehrfache Teilnahme (Kombipakete):
Bei einer mehrfachen Teilnahme an unseren Kursen solltest Du mithilfe unserer Checkliste unbedingt Deine Fortschritte festhalten. Wir empfehlen, von Kurs zu Kurs beispielsweise mit verschiedenen Farben zu arbeiten. Es tut gut zu sehen, welche Fortschritte man macht! Unsere Kursleiter*innen werden Dir vor Ort dabei helfen, in jedem Kurs Dein Leistungsniveau sukzessive zu steigern.
Teile uns vor Kursbeginn bitte Dein aktuelles Leistungsniveau mit, sodass wir eine passende Lernumgebung für Dich auswählen können.

Unser Team hilft Dir bei kleineren oder grösseren Schwierigkeiten schnell weiter, sodass Dir auf Deinem Weg zum erfolgreichen Mathe-Abi so wenig Hürden wie nur möglich begegnen werden! Weitere Informationen findest Du unter www.abicrash.com.

Wir freuen uns, dass Du Dich für ABIcrash entschieden hast und wünschen Dir viel Erfolg auf dem Weg zum Abitur!

Viele Grüsse aus Hamburg,
Dein ABIcrash-Team

Inhaltsverzeichnis

1 Analysis

1.1 Definitions- & Wertemenge

Aufgabe 1   **Lösung auf Seite 1**

Bestimme für folgende Funktionen die Definitions- und Wertemenge:

a) $f(x) = \ln(2 - x)$

b) $g(x) = \sqrt{x^2 - 1} + 2$

c) $h(x) = e^{3x-2} \cdot \dfrac{1}{x}$

d) $i(x) = -\dfrac{\ln(x)}{\ln(x - 1)}$

Aufgabe 2   **Lösung auf Seite 1**

Bestimme für folgende Funktionen die Definitions- und Wertemenge:

a) $f(x) = \dfrac{2}{x - 1}$

b) $g(x) = \dfrac{x + 2}{x^2 - 9}$

c) $h(x) = x^4 + 4x^2 + 5$

d) $i(x) = \dfrac{2}{\sqrt{x}}$

1.2 Grenzwerte

Aufgabe 3   **Lösung auf Seite 2**

Bestimme alle waagrechten Asymptoten der folgenden Funktionen:

a) $f(x) = \dfrac{3x^2 - 4x}{-x^2 + 16x}$

c) $h(x) = \dfrac{\ln(4x) - 2}{x^3 - 5x}$

b) $g(x) = \dfrac{e^x}{x - 3} - 1$

d) $i(x) = \sqrt{x^2 + 1} \cdot e^{-0,5x}$

Aufgabe 4   **Lösung auf Seite 3**

Bestimme alle Asymptoten der folgenden Funktionen:

a) $f(x) = \dfrac{4x^2 - 3x}{2x}$

c) $h(x) = \dfrac{5x^2 - 4}{2x^2 + 6x + 4}$

b) $g(x) = x \cdot e^{-x}$

d) $i(x) = \dfrac{\sqrt{x^3 - 4x^2 + 5}}{x^3}$

Aufgabe 5   **Lösung auf Seite 4**

Bestimme alle Asymptoten der folgenden Funktionen:

a) $f(x) = \dfrac{1 + x}{x}$

c) $h(x) = \dfrac{x^2 - x - 6}{x^2 - 4x + 4}$

b) $g(x) = x + \dfrac{1}{x}$

1.3 Sinus & Cosinus

Aufgabe 6   **Lösung auf Seite 6**

Biologen messen im Verlauf eines Jahres das Gewicht eines Grizzlybären. Ihre Aufzeichnungen beginnen im Oktober und laufen über zwölf Monate. Sein Gewicht, in Kilogramm, kann annähernd durch die Funktion g beschrieben werden:

$$g(t) = 20\cos\left(\frac{\pi}{6}t\right) + 160$$

Die Variable t beschreibt hierbei die Zeit in Monaten.

a) Erkläre, warum ein solcher Verlauf plausibel ist;

b) Um welchen Wert schwankt das Gewicht des Grizzlybären?

Aufgabe 7   **Lösung auf Seite 6**

Preise für Flugtickets schwanken erfahrungsgemäß im Tagesverlauf. Experten der Vergleichswebsite Orvillestore haben herausgefunden, dass der Verlauf der Preise (in Euro) für Flugtickets München-Berlin annähernd durch die Funktion

$$p(t) = -10\sin\left(\frac{\pi}{12}t\right) + 120$$

mit Definitionsmenge $\mathbb{D}_p = [0; 24]$ beschrieben werden kann. Die Variable t beschreibt hierbei die Uhrzeit in Stunden.

a) Erkläre, warum die Definitionsmenge der Funktion plausibel ist;

b) Berechne, zu welchen Uhrzeiten ein Flugticket genau 120 Euro kostet.

Aufgabe 8   **Lösung auf Seite 7**

Die Anzahl an Sonnenstunden pro Tag schwankt im Verlauf eines Jahres. Münchner Meteorologen haben dazu ein Modell entwickelt. Dieses beschreibt die Anzahl der Sonnenstunden im Verlauf eines Jahres mithilfe der Funktion (t entspricht Monaten)

$$s(t) = 5 - \sin\left(\frac{\pi}{6}t + \frac{\pi}{2}\right).$$

Daher kann die Definitionsmenge $\mathbb{D}_s = [0; 12]$ gewählt werden. Zu welchen Zeitpunkten sagt das Modell sechs Sonnenstunden pro Tag voraus?

Aufgabe 9 **Lösung auf Seite 8**

Gegeben ist die folgende Funktion mit Definitionsmenge $\mathbb{D}_h = \mathbb{R}$:

$$h(x) = a\cos(bx) + d$$

a) Gib für die folgenden Eigenschaften mögliche Werte für a, b und d an, sodass diese erfüllt sind:

- Die Funktion $h(x)$ hat die Wertemenge $[-2; 4]$;
- Die Funktion $h(x)$ hat im Intervall $[0; \pi]$ genau zwei Nullstellen;
- Die Funktion $h(x)$ hat keinerlei Nullstellen.

b) Welche Wertemenge besitzt die Ableitung h' in Abhängigkeit von a und b?

Aufgabe 10 **Lösung auf Seite 9**

Die untenstehende Grafik zeigt den Wasserstand der Themse im Verlauf eines Tages.

a) Wie viel Zeit vergeht zwischen zwei Höchstständen (Fluten)?

b) Finde die Funktion, die den Tagesverlauf des Wasserstandes beschreibt.

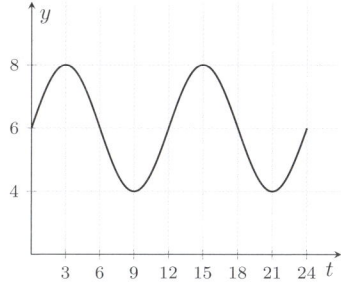

Aufgabe 11   Lösung auf Seite 10

Der Verlauf eines Talkessels wird im Querschnitt durch folgende Funktion beschrieben

$$f(x) = 2\cos(x) + 2.$$

In der Talsohle befindet sich ein Stausee (blau). Ein Touristenverein möchte dort eine neue Berghütte (H) errichten. Gib an, in welchem Intervall I (x-Werte) die Hütte nicht errichtet werden sollte, wenn man Überschwemmungen vermeiden möchte. Nimm dazu an, dass der Höchststand des Stausees bei 200m liegt.

Eine Längeneinheit entspricht dabei 100 Metern in der Realität.

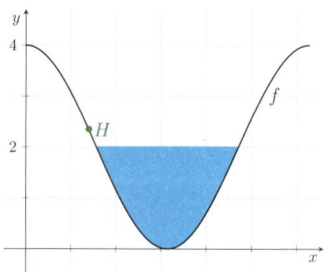

——————————————— **Tipp:** ———————————————

Die Hütte in der Grafik ist lediglich eine von vielen möglichen Platzierungen.

1.4   Manipulation von Funktionen

Aufgabe   12   **Lösung auf Seite 11**

Untersuche die Graphen der folgenden Funktionen auf Symmetrie zur y-Achse und zum Ursprung:

a) $f(x) = x^7 - 3x^5 + x$

b) $g(x) = -x^5 + 2x^4 - 3x^3 + x^2$

c) $h(x) = 4x + \sin(x)$

d) $i(x) = \dfrac{3x}{x^2 + 1}$

e) $j(x) = \sqrt{x - 3}$

f) $k(x) = 4x^2 + \cos(2x)$

Aufgabe   13   **Lösung auf Seite 11**

Betrachte die in der Abbildung dargestellten Funktionen.

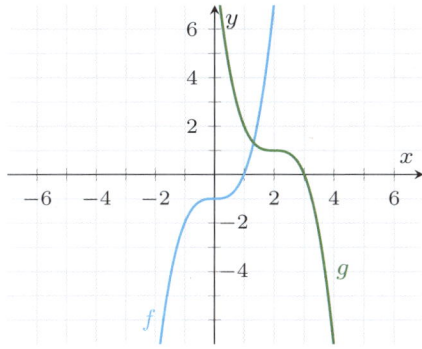

a) Beschreibe, welche Operationen (Spiegeln, Verschieben, Strecken, Stauchen, ...) auf die Funktion f angewandt wurden, sodass g entstand.

b) Der Funktionsterm von f lautet

$$f(x) = x^3 - 1.$$

Gib die Funkion g an.

Aufgabe 14   **Lösung auf Seite 11**

Gegeben sei die folgende Funktion:

$$f(x) = \frac{1}{2x^2 + x^4}$$

a) Prüfe die Funktion f auf Symmetrieeigenschaften;

b) Bilde die 1. Ableitung. Ist diese punkt- oder achsensymmetrisch?

c) Verschiebe die Funktion f um 1 LE nach oben und strecke sie mit dem Faktor 2 in y-Richtung. Ist die so entstandene Funktion punkt-/achsensymmetrisch?

Aufgabe 15   **Lösung auf Seite 12**

Betrachte die in der Abbildung dargestellten Funktionen.

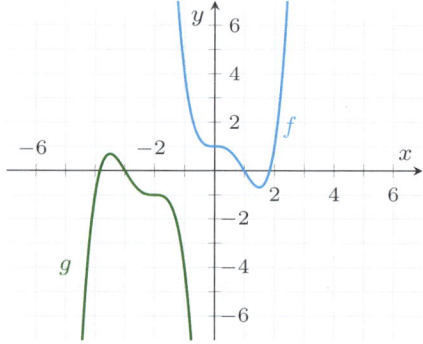

a) Beschreibe, welche Operationen (Spiegeln, Verschieben, Strecken, Stauchen, ...) der Reihe nach auf die Funktion f angewandt wurden, sodass g entstand;

b) Der Funktionsterm von f lautet

$$f(x) = x^4 - 2x^3 + 1.$$

Gib die Funktion g an.

Aufgabe 16   Lösung auf Seite 13

Gegeben seien zwei Funktionen f und g. Über die Funktion f ist bekannt, dass sie punktsymmetrisch zum Ursprung ist. Es werden nun zwei neue Funktionen wie folgt definiert:

$$h(x) = f(x) + g(x) \quad \text{und} \quad k(x) = f(x) \cdot g(x)$$

Dabei gehen wir davon aus, dass keine der genannten Funktionen gleich der Nullfunktion ist. Welche Symmetrieeigenschaften besitzen h und k, wenn

a) g punktsymmetrisch zum Ursprung ist?

b) g symmetrisch zur y-Achse ist?

Aufgabe 17   Lösung auf Seite 14

Ein Tierpark möchte seinem Tiger eine neue Höhle bauen. Diese soll sich unter einem Felsen befinden, der durch folgende Funktion und deren Spiegelung an der Geraden $x = 3$ beschrieben werden kann:

$$f(x) = 4\ln(x-1)^2.$$

a) Berechne die Nullstellen der Funktion f. Wo muss sich die Nullstelle der gespiegelten Funktion befinden?

b) Spiegle die Funktion f wie beschrieben. Spiegle dazu zuerst an der y-Achse und verschiebe dann um geeignet viele Einheiten nach rechts.

Aufgabe 18   Lösung auf Seite 15

Gegeben ist die folgende Funktion:

$$f(x) = \frac{e^{-x^2}}{x}$$

a) Prüfe die Funktion f auf Symmetrieeigenschaften;

b) Bilde die 1. Ableitung. Ist diese punkt- oder achsensymmetrisch?

c) Verschiebe die Funktion f um 2 LE nach rechts und stauche sie mit dem Faktor 3 in x-Richtung. Ist die entstandene Funktion punkt-/achsensymmetrisch?

1.5 Ableiten

Aufgabe 19   **Lösung auf Seite 16**

Bestimme jeweils die erste Ableitung der folgenden Funktionen:

a) $f(x) = 2x + 3$

b) $g(x) = -\dfrac{1}{3}x^3 + x^2 - e$

c) $h(x) = \dfrac{x^2 - 4}{x - 2} + 3$

d) $i(x) = \sqrt{x^3 - x^2 + 5}$

e) $j(x) = \dfrac{\sin(x)}{2\pi}$

f) $k(x) = x^2 \cdot e^{-3x}$

g) $l(x) = \ln(x^2 - 2) + 4\cos(x)$

h) $m(x) = \dfrac{e^{2x}}{x}$

Aufgabe 20   **Lösung auf Seite 16**

Bestimme jeweils die erste Ableitung der folgenden Funktionen:

a) $f(x) = \dfrac{\sin(x)}{\cos(x)}$

b) $g(x) = \dfrac{x^2 - 6x + 5}{x - 3}$

c) $h(x) = \dfrac{\sin(x)}{x} + 3$

d) $j(x) = \dfrac{1}{\sqrt{x^2 - x}} \cdot \ln(x)$

e) $k(x) = (x^2 - 3x + 4) \cdot e^{-0,5x}$

f) $l(x) = \dfrac{1}{x^{0,5}} \cdot e^x$

Aufgabe 21   **Lösung auf Seite 17**

Bestimme jeweils die erste Ableitung der folgenden Funktionsscharen:

a) $f_k(x) = \ln(kx) - \dfrac{x^2}{k}$

b) $g_k(x) = \dfrac{x^k - k}{x - 3}$

c) $h_k(x) = k\sin(3x^2) + k$

d) $i_k(x) = \sqrt{kx^2 + 1} \cdot e^{-0,5k}$

1.6   Tangenten & Normalen

Aufgabe   22   **Lösung auf Seite 18**

Bestimme jeweils die Tangente der Funktion im Punkt P:

a) $f(x) = 2x^2 - 3x - 4, \qquad P(1 \mid f(1))$

b) $g(x) = 3\ln(x) + e, \qquad P(e \mid f(e))$

Aufgabe   23   **Lösung auf Seite 19**

Der Verlauf eines Brückenbogens wird durch die folgende Funktion beschrieben:

$$f(x) = -x^2 + 4x - 2$$

Die Brücke selbst kann durch die Tangente der Funktion f im Punkt $P(1{,}99 \mid f(1{,}99))$ beschrieben werden. Runde bei dieser Aufgabe immer auf zwei Nachkommastellen.

  a) Bestimme die Funktion, welche die Brücke beschreibt.

  b) Entscheide, ob die Brücke parallel zum Boden, welcher durch die x-Achse dargestellt wird, verläuft.

Aufgabe   24   **Lösung auf Seite 20**

Die Funktion
$$f(x) = x^2 + x + 2$$

besitzt im Punkt $P(1 \mid f(1))$ die Tangente $y = 3x + 1$. Gib die Geradengleichung der Normalen der Funktion f im selben Punkt an.

Aufgabe   25   **Lösung auf Seite 20**

Der Verlauf eines mäandrierenden Flusses wird durch die folgende Funktion beschrieben:
$$f(x) = 2\sin(x) + 2$$

Bei $x = 2\pi$ wird ein neuer Entwässerungskanal gegraben. Dieser soll schnurgerade und senkrecht zum Fluss verlaufen. Bestimme die Funktion, welche den Verlauf des Entwässerungskanals beschreibt.

Aufgabe 26   **Lösung auf Seite 21**

Einer der ersten und spektakulärsten Tests der Allgemeinen Relativitätstheorie war die Ablenkung von Lichtstrahlen durch Schwarze Löcher, der sogenannte Gravitationslinseneffekt.

In der unten stehenden Abbildung ist die Bahn (durchgezogene Linie) eines Lichtstrahls zu sehen, der von einem Satelliten ausgesendet wird und durch ein schwarzes Loch im Ursprung abgelenkt wird. Die Bahn des Lichtstrahls wird durch die Funktion f mit Definitionsmenge $\mathbb{D}_f = \mathbb{R}_+$ beschrieben:

$$f(x) = 5\sqrt{1 - \frac{x^2}{4}} - x + \frac{1}{\sqrt{2}}$$

Die Bahn beginnt also bei $x = 0$.

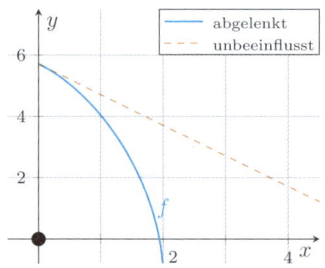

a) Bestimme die Koordinaten des Punktes, in dem sich der Satellit befindet.

b) Bestimme die Bahn, der der Lichtstrahl folgen würde, falls sich im Ursprung kein Schwarzes Loch befände. Diese wird in der Grafik durch die gestrichelte Linie dargestellt.

Aufgabe 27   **Lösung auf Seite 23**

Entscheide, ob es sich bei der Geraden $y = 3x + 1$ um eine Tangente der folgenden Funktion handelt:

$$f(x) = x^2 + x + 1$$

Aufgabe 28   **Lösung auf Seite 24**

Ein Raumschiff der NASA führt ein sogenanntes Swing-By Manöver durch. Die halbkreisförmige Flugbahn während dieses Manövers kann durch die folgende Funktion beschrieben werden:

$$f(x) = \sqrt{100 - x^2}$$

Eine Längeneinheit auf den Koordinatenachsen entspricht dabei 100 Kilometern in der Realität.

a) Skizziere die Funktion f im Intervall $[-10; 10]$ und gib den Radius der kreisförmigen Flugbahn an.

b) Bei der Durchführung des Manövers fallen an der Position $x = 8$ plötzlich die Triebwerke aus. Ab diesem Moment fliegt das Raumschiff tangential zur alten Flugbahn geradeaus weiter.
Bestimme die Funktion, die die neue Flugbahn beschreibt.

c) Daraufhin startet von der Erde aus eine Rettungsmission zu dem Punkt, an dem die Triebwerke des ersten Raumschiffs ausgefallen sind.
Durch welche Geradengleichung kann die Flugbahn des zweiten Raumschiffs beschrieben werden?

1.7 Schnitt- & Berührpunkte

Aufgabe 29   **Lösung auf Seite 27**

Bestimme die Schnittpunkte der folgenden Graphen:

    a) $f(x) = x^2 - 2$ und $g(x) = x$

    b) $h(x) = 6x + 12$ und $i(x) = 6x - 4$

    c) $j(x) = x - 7$ und $k(x) = 6x - 7$

Aufgabe 30   **Lösung auf Seite 27**

Im Manistee National Forest leben zwei einsame Wölfe, die dort täglich ihre Gebiete ablaufen. In einem Abschnitt des Waldes kommen sie sich sehr nahe. Falls sich ihre Routen überschneiden, würde es zwangsläufig in naher Zukunft zu einem unschönen Aufeinandertreffen kommen. Würden sich die Wege allerdings nur berühren oder gar nicht schneiden, so bestünde keinerlei Gefahr.

In dem riskanten Abschnitt werden die Routen durch folgende Funktionen im Intervall $[0{,}5; 4]$ näherungsweise beschrieben:

$$f(x) = \sqrt{\frac{x}{2}} \qquad \text{und} \qquad g(x) = \frac{1}{4}x^2$$

Prüfe, ob die Ranger sich auf einen Kampf vorbereiten müssen.

Aufgabe 31   **Lösung auf Seite 28**

Teste folgende Funktionen auf einen gemeinsamen Schnitt- oder Berührpunkt:

$$f(x) = 3x^2 - 3x - 5 \qquad \text{und} \qquad g(x) = x^2 - 3x - 5$$

Aufgabe 32 Lösung auf Seite 28

Ein Kampfjet überfliegt routinemäßig ein Gelände. Dabei kommt er der Grenze zum verfeindeten Nachbarland zu nah. Würde er diese Grenze überschreiten, so drohe dem Heimatland Krieg.
Die Flugroute lässt sich durch die Funktion f und die Grenze durch die Funktion g beschreiben:

$$f(x) = (x+1)^2 \quad \text{und} \quad g(x) = 2x + 1$$

Welches Schicksal steht den beiden Ländern bevor? Kommt es zum Krieg?

Aufgabe 33 Lösung auf Seite 29

Teste folgende Funktionen auf einen gemeinsamen Schnitt- oder Berührpunkt:

$$f(x) = 1 + \sqrt{2x+7} \quad \text{und} \quad g(x) = x + 3$$

Aufgabe 34 Lösung auf Seite 30

Ein Piratenschiff fährt dicht an einer Burg, die auf einen Fels im Wasser gebaut ist, vorbei. Die Route des Schiffes kann näherungsweise durch die Funktion

$$f(x) = \ln(x+2) - 1$$

beschrieben werden. Im Punkt $(2{,}5 \mid f(2{,}5))$ kommt das Schiff der Burg am nächsten und feuert senkrecht zur Fahrtrichtung eine Kanonenkugel in Richtung Burg ab. Die Mauer der Burg wird durch die Funktion

$$g(x) = 0{,}5x$$

im Intervall $[1; 2{,}5]$ dargestellt. Wird die Mauer getroffen?

Aufgabe 35 Lösung auf Seite 31

Teste folgende Funktionen auf einen gemeinsamen Schnitt- oder Berührpunkt:

$$f(x) = e^{2x} - 6e^x \quad \text{und} \quad g(x) = (-2e^x - 3)^2$$

1.8   Schnittwinkel

Aufgabe   36   **Lösung auf Seite 32**

Eine Rampe wird durch die folgende Funktion beschrieben:

$$f(x) = \frac{1}{3}x - 1$$

Bestimme den Neigungswinkel der Rampe.

Aufgabe   37   **Lösung auf Seite 32**

Die Strahlen zweier Argon-Laser werden durch die folgenden Geraden beschrieben:

$$f(x) = 3x - 2 \quad \text{und} \quad g(x) = -4x + 5$$

Bestimme den Schnittwinkel zwischen den beiden Laserstrahlen.

Aufgabe   38   **Lösung auf Seite 33**

Zwei Straßen werden durch die folgenden Funktionen beschrieben:

$$f(x) = 4x - 2 \quad \text{und} \quad g(x) = x^3 - 3x^2 + 3x - 2$$

Bestimme die Größe aller Schnittwinkel, die die beiden Straßen im ersten Quadranten einschließen.

Aufgabe   39   **Lösung auf Seite 34**

Ein leicht deformiertes Verkehrsschild wird durch die Fläche beschrieben, welche die Funktionen

$$f(x) = -1{,}1x + 3 \quad \text{und} \quad g(x) = 1{,}1x + 3$$

mit der x-Achse einschließen.

a) Fertige eine beschriftete Skizze an.

b) Berechne alle Innenwinkel des Verkehrsschildes.

Aufgabe 40 **Lösung auf Seite 35**

Der Verlauf eines Wasserfalls wird durch die Funktion

$$f(x) = -0{,}25x^2 + 4$$

mit Definitionsmenge $\mathbb{D}_f = \mathbb{R}_0^+$ beschrieben. Die x-Achse entspricht dem Erdboden. Bestimme, in welchem Winkel das Wasser auf den Boden auftrifft.

Aufgabe 41 **Lösung auf Seite 36**

Wie in der Grafik zu sehen, beschreiben die beiden Funktionen

$$f(x) = 0{,}25x^2 \qquad \text{und} \qquad g(x) = 2\sqrt{x}$$

im Bereich $[0; 5]$ die Ränder eines Fischmosaiks in der antiken Stadt Pompeii. Bestimme den Öffnungswinkel α des Fischkopfes.

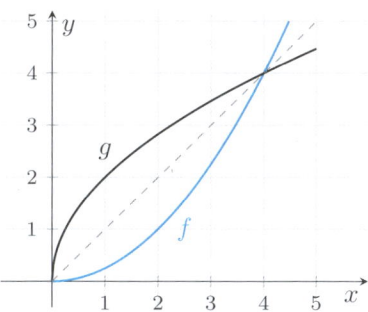

Tipp:

Nimm dazu an, dass $\lim\limits_{x \to \infty} \tan^{-1}(x) = 90°$ gilt.

1.9 Graphisches Ableiten

Aufgabe 42   **Lösung auf Seite 38**

Entscheide bei folgenden Aussagen über die abgebildete Funktion f, ob sie wahr oder falsch sind.

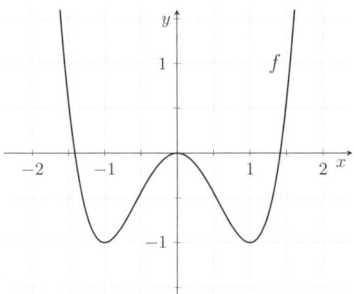

- Die Funktion hat genau einen Wendepunkt.
- Der Graph der Funktion besitzt drei waagrechte Tangenten.
- Die erste Ableitung der Funktion hat bei $x = -1$ den Wert Null.
- Der Graph der Funktion ist punktsymmetrisch.
- Der Graph von f' verläuft stets oberhalb der x-Achse.

Aufgabe 43   **Lösung auf Seite 38**

Trage in die unten stehende Grafik die erste und zweite Ableitung der eingezeichneten Funktion ein. Achte dabei besonders auf die richtige Skalierung.

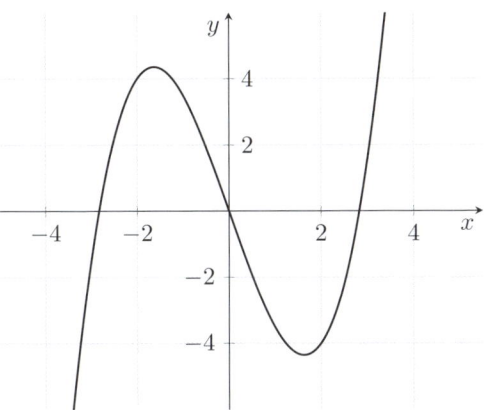

Aufgabe 44   **Lösung auf Seite 39**

Trage in die unten stehende Grafik die erste Ableitung der eingezeichneten Funktion ein. Achte dabei besonders auf die richtige Skalierung.

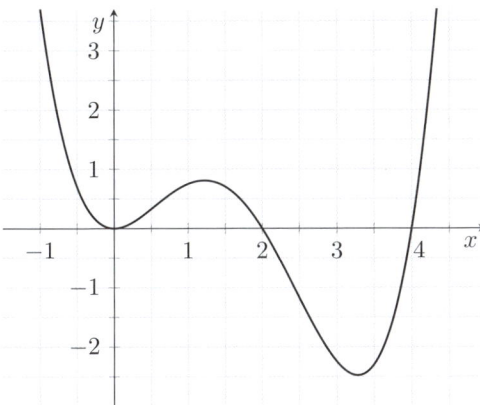

Aufgabe 45   **Lösung auf Seite 39**

Entscheide bei folgenden Aussagen über die abgebildete Funktion f, ob sie wahr oder falsch sind.

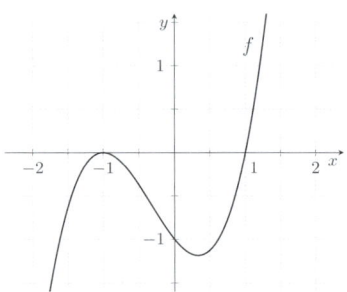

- Die Funktion hat genau zwei Wendepunkte.
- Der Graph von f'' hat mindestens eine Nullstelle.
- Die Funktion hat eine waagrechte Tangente bei $x = 1$.
- Die Funktion hat eine doppelte Nullstelle bei $x = -1$.
- Der Graph von f' hat genau zwei einfache Nullstellen.

Aufgabe 46   **Lösung auf Seite 40**

Trage in die unten stehende Grafik die erste Ableitung ein. Achte dabei besonders auf die richtige Skalierung.

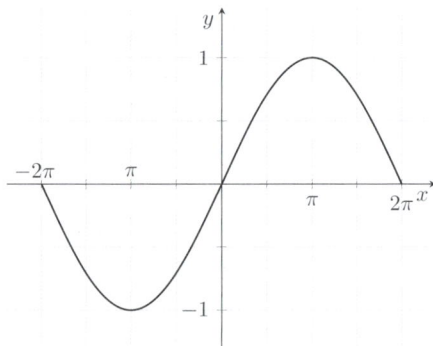

Aufgabe   47   **Lösung auf Seite 40**

Entscheide bei folgenden Aussagen über die abgebildete Funktion f, ob sie wahr oder falsch sind.

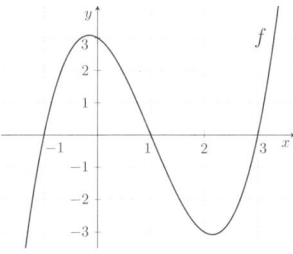

- Die Funktion hat genau einen Wendepunkt.
- Der Graph der zweiten Ableitung hat mindestens eine Nullstelle.
- Die erste Ableitung der Funktion hat bei $x = 0$ den Wert Null.
- Der Graph der ersten Ableitung schneidet nie die x-Achse.
- Der Graph besitzt bei $x = 1$ eine Tangente mit Steigung $m = 2$.
- Es gilt $f'(-1) > f'(1)$.

Aufgabe   48   **Lösung auf Seite 41**

Trage in die unten stehende Grafik die erste Ableitung, sowie eine mögliche Stammfunktion der eingezeichneten Funktion ein. Achte dabei besonders auf die richtige Skalierung.

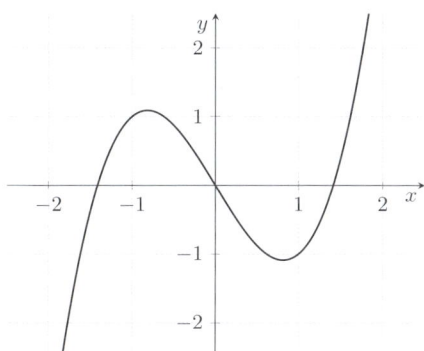

1.10 Funktionsverständnis

Aufgabe 49   **Lösung auf Seite 42**

Gegeben sind die vier Funktionen f, g, h und i.

(1) $f(x) = \dfrac{x^2 - 2}{x^2 + 2} + 2$ (3) $h(x) = \dfrac{3x^4 - 2x^2 + x - 2}{3x^4 - 6x^2 + 1}$

(2) $g(x) = \dfrac{4 - 4x}{3x^3 - 6}$ (4) $i(x) = \dfrac{1{,}5}{x^2 - 1{,}5} + 3$

Entscheide, auf welche dieser Funktionen alle der unten stehenden Aussagen zutreffen. Es ist möglich, dass mehr als eine Funktion alle Anforderungen erfüllt.

1. Die Funktion schneidet die y-Achse bei 2.

2. Die Funktion hat eine waagrechte Asymptote bei $y = 3$.

3. Die Funktion hat bei $x = 1$ eine Nullstelle.

Aufgabe 50   **Lösung auf Seite 42**

Ordne die folgende Funktionen den unten stehenden Graphen zu. Achte dabei besonders auf Nullstellen sowie Asymptoten.

(a) $f(x) = 0{,}5 \cdot (x + 1)^2 \cdot (x - 2)$ (c) $h(x) = (x^2 - 1)^2 - 1$

(b) $g(x) = 1{,}5 \cdot \sqrt{x + 2}$ (d) $i(x) = (x - 1) \cdot x \cdot (x + 1)$

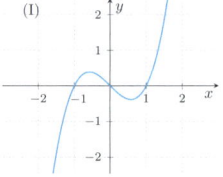
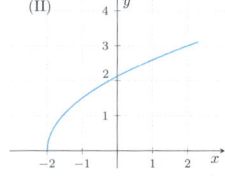
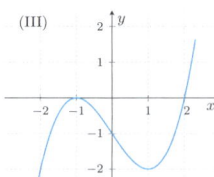
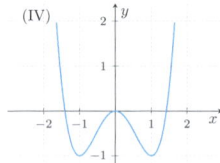

Aufgabe 51   **Lösung auf Seite 43**

In der unten stehenden Abbildung ist eine ganzrationale Funktion dritten Grades zu sehen. Benutze die Abbildung um einen passenden Funktionsterm f anzugeben.

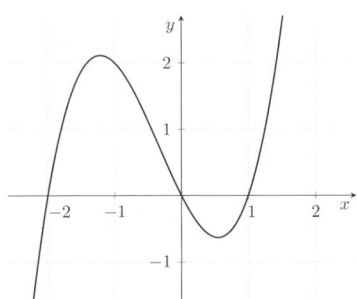

Aufgabe 52   **Lösung auf Seite 43**

Ordne die folgenden Funktionen den unten stehenden Graphen zu. Achte dabei besonders auf Nullstellen sowie Asymptoten.

(a) $f(x) = 0{,}5 \cdot (x+1)^2 \cdot (x-2)$ (c) $h(x) = \dfrac{0{,}5 \cdot x^2 - 1}{x}$

(b) $g(x) = \dfrac{2}{x^2 + 1}$ (d) $i(x) = \ln(2+x) \cdot (x-2)$

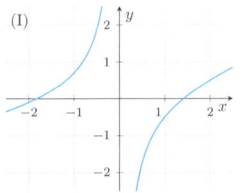

(I)

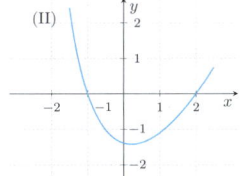

(II)

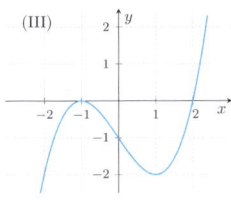

(III)

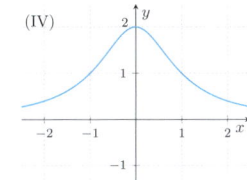

(IV)

Aufgabe 53   **Lösung auf Seite 44**

In der unten stehenden Abbildung ist eine Funktion der Form

$$f(x) = \frac{a}{3 + 2x^2} + b$$

zu sehen. Benutze die Abbildung, um die Parameter a und b der Funktion f zu bestimmen.

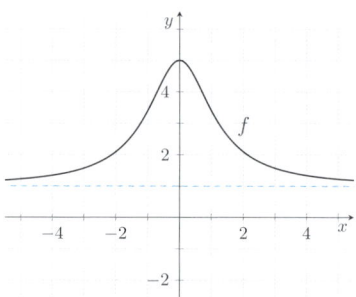

Aufgabe 54   **Lösung auf Seite 44**

Aus der Serie Tatort stammt folgendes Zitat:

> Die Leiche des Opfers wurde im Kühlhaus gefunden. Der herbeigerufene Arzt stellte bei einer Umgebungstemperatur von 5°C eine Körpertemperatur von 28,2°C fest. Eine Stunde nach Eintreffen des Arztes betrug die Körpertemperatur 3,4°C weniger.

Die Temperatur T des sich abkühlenden Körpers wird beschrieben durch die Funktion

$$T(t) = 32 \cdot b^t + 5.$$

a) Berechne $T(0)$. Was entspricht dem Wert im Sachzusammenhang?

b) Welche Bedeutung hat der Wert 5 im Funktionsterm T?

c) Gib an, welche Werte b nicht annehmen darf.

d) Nimm an, dass die Zeitspanne bestimmt werden soll, die vergangen ist, bis der Arzt den Tatort erreicht hat. Dazu müsste der Parameter b bestimmt werden. Gib einen Ansatz an, mit dem b berechnet werden kann.

Hinweis: Die beschriebene Zeitspanne muss nicht bestimmt werden.

Aufgabe 55   **Lösung auf Seite 45**

Ordne die folgende Funktionen den unten stehenden Graphen zu. Achte dabei besonders auf Nullstellen sowie Asymptoten.

(a) $f(x) = \dfrac{0,5 \cdot (x+1)^2 \cdot (x-1)^2}{x+0,5}$

(c) $h(x) = \ln(2+x) \cdot (x-1)$

(b) $g(x) = \dfrac{4x^2+3x}{4x^2+0,5} - 1$

(d) $i(x) = \dfrac{2}{x^2+1}$

(I)
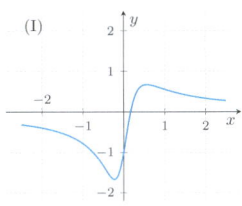

(II)
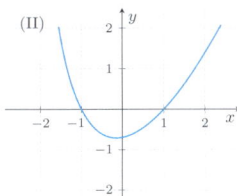

(III)
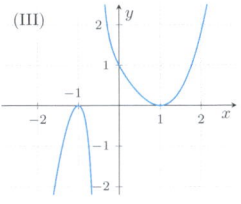

(IV)
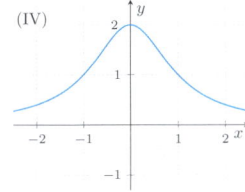

1.11 Kurvendiskussion - Differentialrechnung

Aufgabe 56   **Lösung auf Seite 46**

Bestimme das Monotonieverhalten der folgenden Funktionen:

a) $f(x) = x^3 - 6x^2 + 8x$ b) $g(x) = (x+1) \cdot e^{-x}$

Aufgabe 57   **Lösung auf Seite 47**

Bestimme die Nullstellen, Extrempunkte und Wendepunkte der folgenden Funktionen:

a) $f(x) = x^3 - 6x^2 + 8x$ c) $h(x) = \dfrac{x^2}{x+1}$

b) $g(x) = (x+1) \cdot e^{-x}$

Aufgabe 58   **Lösung auf Seite 51**

Bestimme das Krümmungsverhalten der folgenden Funktionen und die Anzahl der Wendepunkte:

a) $f(x) = -2x^2 - 8x + 3$ c) $h(x) = 3x^5 - 5x^4$

b) $g(x) = x^3 - 3x$

Aufgabe 59 **Lösung auf Seite 52**

Ein Formel-1 Wagen beschleunigt zu Beginn des Rennens aus dem Stand. Für den Anfang des Rennens kann die zurückgelegte Strecke durch die Funktion s beschrieben werden:

$$s(t) = 4t^2$$

Die Funktion gibt dabei an, wie viele Meter das Auto nach t Sekunden zurückgelegt hat.

a) Was ist die mittlere Geschwindigkeit im Zeitraum $[0; 3]$?

b) Wann erreicht das Rennauto die momentane Geschwindigkeit von $120 \frac{m}{s}$?

c) Der allgemeine Ansatz für die zurückgelegte Strecke lautet:

$$s(t) = \frac{a}{2}t^2 + v_0 t + s_0$$

Erläutere, warum die Parameter v_0 und s_0 in der beschriebenen Situation auf Null gesetzt werden müssen.

Aufgabe 60 **Lösung auf Seite 53**

Der Broker Jonathan Belfort handelt mit Aktien. Um Verluste zu vermeiden, kauft er keine Aktien, deren Kursverlauf in den letzten zwei Monaten fallend war. Der Kursverlauf der Abicrash Aktie in den letzten zwei Monaten kann approximativ durch die Funktion

$$f(t) = t^3 + 3t^2 + 3t$$

mit Definitionsmenge $\mathbb{D}_f = [0; 2]$ beschrieben werden. Untersuche, ob die Funktion im Bereich $t \in [0; 2]$ fallend oder steigend ist und entscheide, ob Jonathan Belfort die Aktie kaufen sollte.

Aufgabe 61 **Lösung auf Seite 54**

Die potentielle Energie eines Elektrons in einem Wasserstoffatom kann beschrieben werden durch eine Funktion der Form

$$\phi(r) = \frac{1}{r^2} - \frac{1}{r}.$$

Die Variable r entspricht hierbei dem Abstand des Elektrons zum Kern. Für welchen Abstand wird die Energie des Elektrons minimal?

Aufgabe 62   **Lösung auf Seite 54**

Die Funktion

$$k(t) = \frac{2t^2}{2t^2 - 2t + 1}$$

beschreibt, wie viel Gramm CO_2 ein LKW während der Fahrt pro Minute ausstößt.

a) Erläutere, warum unter der Annahme, dass die Fahrt zum Zeitpunkt $t = 0$ beginnt, die Definitionsmenge

$$\mathbb{D}_k = [0, \infty[$$

eine gute Wahl ist.

b) Zu welchem Zeitpunkt stößt der LKW am meisten CO_2 aus?

c) Mit welcher durchschnittlichen Rate steigt der CO_2-Ausstoß während der ersten halben Minute?

d) Welchen CO_2-Ausstoß hat der LKW für sehr lange Fahrzeiten?

Aufgabe 63   **Lösung auf Seite 56**

Die Konzentration eines bestimmten Medikaments im Blut, kann durch die Funktion f modelliert werden:

$$f(t) = 3t \cdot e^{2-t}$$

Dabei gibt t die Zeit nach der Einnahme des Medikaments in Stunden und $f(t)$ die Konzentration des Medikaments im Blut in mg an.

a) Zeichne den Graph von f im Bereich $0 \leq t \leq 10$.

b) Deute den Graph im Sachzusammenhang.

c) Berechne, wann die Konzentration des Medikaments im Blut maximal wird und wie hoch sie zu diesem Zeitpunkt ist.

d) Berechne, wann die Geschwindigkeit des Abbaus des Medikaments maximal ist.

e) Entwickle eine Formel für die n-te Ableitung der Funktion f.

Aufgabe 64 **Lösung auf Seite 58**

Die Körpertemperatur (in Grad Celsius) eines Fieberpatienten wird, während seines Krankenhausaufenthalts, durch die Funktion T beschrieben.

$$T(t) = 2t^2 e^{-t} + 37.$$

Die Variable t gibt dabei die vergangene Zeit in Stunden an. Die Definitonsmenge sei $\mathbb{D}_T = [0, 24]$.

a) Welche Temperatur hatte der Patient eine Stunde nachdem er ins Krankenhaus eingeliefert wurde?

b) Ab welchem Zeitpunkt fiel die Temperatur des Patienten wieder?

c) Was war die durchschnittliche Rate, mit der die Temperatur im Zeitintervall $[0, 2]$ stieg?

d) Wann stieg die Temperatur des Patienten am schnellsten?

Aufgabe 65 **Lösung auf Seite 60**

Die Auswertung der Aufzeichnung des Höhenbarometers eines Heißluftballons ergab, dass sich die Höhe des Ballons über dem Startpunkt der Ballonfahrt für $t > 0$ durch die Funktion h beschreiben lässt:

$$h(t) = 2t^2 \cdot (1{,}5 - \ln(t))$$

Dabei stellt t die Zeit in Stunden und $h(t)$ die Höhe in 100m dar. Der Ballon startet zum Zeitpunkt $t = 0$ in der Höhe $h = 0$.

a) Berechne die Dauer der Ballonfahrt.

b) Berechne die maximal erreichte Höhe unter der Annahme, dass der Ballon eine ebene Landschaft überfliegt.

c) Ermittle, wann der Ballon am stärksten steigt.

1.12 Umkehrfunktion

Aufgabe 66   **Lösung auf Seite 62**

Die folgende Funktion beschreibt die Anzahl von Hennen in einer Hühnerzucht:

$$f(t) = 1 + 2^t$$

Die Variable t gibt die vergangene Zeit in Monaten an.

a) Zu welchem Zeitpunkt gab es erstmals 17 Hühner?

b) Bestimme die Umkehrfunktion f^{-1} auf dem Intervall $[0, \infty[$ und interpretiere diese.

Aufgabe 67   **Lösung auf Seite 63**

Du kommst als Austauschschüler in ein altenglisches Zaubererinternat. Dort verrät dir ein Mitschüler einen Zauberspruch, der deine Hausaufgaben von alleine löst: *Solutio ingeniosa!* Um diesen auch anwenden zu können, brauchst du noch die richtige Zauberstabbewegung. Diese ist angeblich die Umkehrfunktion der Funktion f.

$$f(x) = \frac{1}{2}x^3 + 2$$

a) Bestimme auf welchen Intervallen die Funktion umkehrbar ist.

b) Gib die zugehörigen Umkehrfunktionen an.

Aufgabe 68   **Lösung auf Seite 64**

Gegeben ist die folgende Funktion:

$$f(x) = \frac{x^2}{x^2 - 4}$$

a) Bestimme Definitions- und Wertebereich. Benutze für den Wertebereich, dass sich bei $(0 \mid 0)$ ein Hochpunkt befindet.

b) Bestimme graphisch, auf welchen Bereichen die Funktion umkehrbar ist.

c) Gib die Umkehrfunktion auf dem Bereich $[0; \infty) \setminus \{2\}$ an.

Aufgabe 69   **Lösung auf Seite 66**

In der Ausgrabungsstätte Pompeii finden Archäologen ein Fischmosaik. Um dieses zu dokumentieren, versuchen sie seine Form durch eine einfache Funktion zu beschreiben. Es stellt sich heraus, dass dies mittels der Funktion

$$f(x) = 0{,}25x^2,$$

sowie ihrer Spiegelung an der Winkelhalbierenden erreicht werden kann.

Eine Längeneinheit entspricht 1 Meter in der Realität.

a) Bestimme die zweite Funktion, die benötigt wird, um die Form des Mosaiks zu beschreiben.

b) Bestimme die Länge des Fischkörpers (ohne Schwanzflosse).

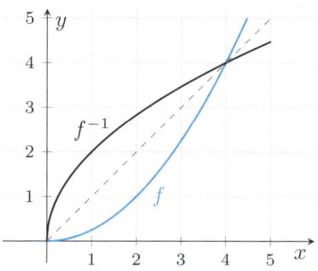

——————————————— **Tipp:** ———————————————

Spiegeln an der Winkelhalbierenden ist gleichbedeutend mit dem Bilden der Umkehrfunktion.

Aufgabe 70   **Lösung auf Seite 67**

Ein Botaniker untersucht die Bedeutung von Sonnenstunden für das Wachstum von Alraunen. Er findet den Zusammenhang

$$d(t) = -0{,}5(t-8)^2 + 32$$

für die durchschnittliche Größe d der untersuchten Alraunen, in Abhängigkeit der erhaltenen Sonnenstunden t pro Tag. Die Definitionsmenge ist durch $\mathbb{D}_d = [0;16]$ gegeben. Bei mehr als 16 Sonnenstunden wachsen die Alraunen überhaupt nicht.

a) Ein kritischer Kollege behauptet:

„Der dargestellte Zusammenhang erlaubt keinen eindeutigen Rückschluss von der Größe einer Alraune auf die Anzahl der erhaltenen Sonnenstunden."

Nimm Stellung zu dieser Aussage.

b) Bestimme auf welchen Intervallen die Funktion d eindeutig invertierbar ist.

c) Bestimme die Umkehrfunktion d^{-1} auf einem der Intervalle.

Aufgabe 71   **Lösung auf Seite 68**

Gegeben ist die Funktion

$$f(x) = \frac{2e^x - 25}{e^x + 5},$$

sowie ihr Graph:

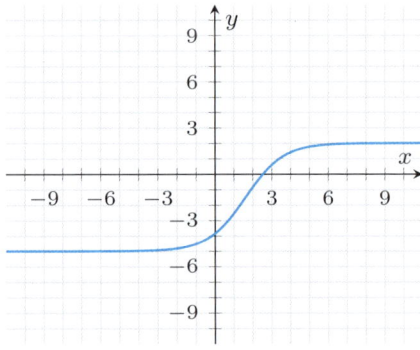

a) Bestimme den Definitions- und Wertebereich.

b) Bestimme, auf welchen Intervallen die Funktion umkehrbar ist.

c) Zeichne die Umkehrfunktion ein.

d) Gib die zugehörige Umkehrfunktion an.

1.13 Integrale

Aufgabe 72 Lösung auf Seite 71

Bestimme jeweils eine Stammfunktion der folgenden Funktionen:

a) $f(x) = \dfrac{3}{x} - 2$

d) $j(x) = 2\sqrt{x}$

b) $g(x) = \dfrac{1}{2}x^2 - 4 + 3x$

e) $k(x) = \dfrac{1}{\sqrt{x}} - 4x$

c) $h(x) = \dfrac{1}{x^2} + \cos(x)$

f) $l(x) = 3e^x - 16$

Aufgabe 73 Lösung auf Seite 71

Bestimme jeweils eine Stammfunktion der folgenden Funktionen:

a) $f(x) = (3x^2 - 4) \cdot e^{x^3 - 4x}$

d) $j(x) = \dfrac{2}{(2x - 4)^2}$

b) $g(x) = \dfrac{6x^2 - 4x}{2x^3 - 2x^2}$

e) $k(x) = \dfrac{e^{\ln(x)}}{x}$

c) $h(x) = \sqrt{4x - 3} + 2$

f) $l(x) = \dfrac{\sin(x)}{\cos(x)}$

Aufgabe 74 Lösung auf Seite 72

Bestimme für die unten stehenden Funktionen jeweils eine Stammfunktion, die durch den Punkt $P(0 \mid 0)$ verläuft:

a) $f(x) = \dfrac{1}{3}x^2 - \sqrt{2x + 1}$

b) $g(x) = (2x - 4)^2 + 3$

Aufgabe 75 **Lösung auf Seite 72**

Berechne folgende Integrale:

a) $\int_0^3 \sqrt{2x+3}\ \mathrm{d}x$

d) $\int_0^1 \frac{3}{\sqrt{4x+1}}\ \mathrm{d}x$

b) $\int_0^3 6x \cdot \sqrt{x^2+3}\ \mathrm{d}x$

e) $\int_0^1 2x \cdot e^{x^2-1}\ \mathrm{d}x$

c) $\int_0^{\frac{\pi}{3}} \sin(2x-\pi)\ \mathrm{d}x$

f) $\int_1^4 \frac{e^{\sqrt{x}}}{2 \cdot \sqrt{x}}\ \mathrm{d}x$

Aufgabe 76 **Lösung auf Seite 73**

Bestimme den Wert der folgenden Integrale:

a) $\int_0^\infty e^{-3x+5}\ \mathrm{d}x$

c) $\int_2^\infty x^{-2}\ \mathrm{d}x$

b) $\int_0^\infty \frac{3x^2}{x^3+1} - \frac{3x^2+4x}{x^3+2x^2+5}\ \mathrm{d}x$

d) $\int_0^\infty e^{-\frac{1}{x}} \cdot \frac{1}{x^2}\ \mathrm{d}x$

Aufgabe 77 **Lösung auf Seite 74**

Eine allgemeine Integralfunktion hat die folgende Form:

$$F_a(z) = \int_a^z f(x)\ \mathrm{d}x$$

a) Warum besitzt jede Integralfunktion immer mindestens eine Nullstelle?

b) Wie unterscheiden sich die Graphen zweier Integralfunktionen F_1 und F_2?

c) Gegeben ist die Integralfunktion

$$F_0(z) = \int_0^z x^2 - x - 2\ \mathrm{d}x.$$

Bestimme, ohne das Integral explizit zu berechnen, die Lage aller Extrempunkte der Integralfunktion.

Aufgabe 78   **Lösung auf Seite 75**

Ein Gärtner legt ein rechteckiges Blumenbeet an. Dieses ist durch die x-Achse im Intervall $[0;20]$ und die Funktion $f(x) = 3$ beschränkt. Die Fläche zwischen der Funktion $g(x) = \sqrt{x}$ und der x-Achse stellt den sonnigen Bereich seines Gartens dar.

Eine Längeneinheit entspricht 1 Meter in der Realität.

a) Berechne die Größe des schattigen Bereichs im Blumenbeet.

b) Welchen Anteil des Beetes nimmt der schattige Bereich ein?

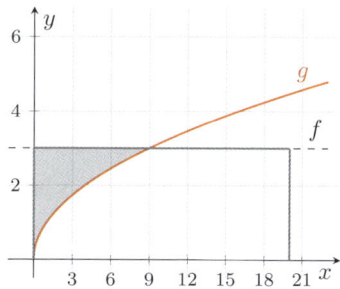

Aufgabe 79   **Lösung auf Seite 76**

Die folgende Funktion schließt mit der Winkelhalbierenden die Hälfte einer herzförmigen Figur ein:

$$f(x) = -0{,}5x^2 + 2x + 4$$

Diese ist in der Skizze rot markiert. Die zweite Hälfte entsteht durch Spiegeln an der Winkelhalbierenden. Bestimme die Fläche des gesamten Herzens.

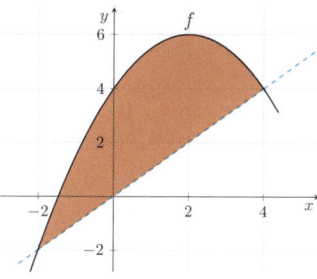

Aufgabe 80   **Lösung auf Seite 76**

Der Graph einer ganzrationalen Funktion f ist punktsymmetrisch zum Ursprung. Begründe, dass für alle $a \in \mathbb{R}$ gilt:

$$\int_{-a}^{a} f(x) \, \mathrm{d}x = 0$$

Aufgabe 81   **Lösung auf Seite 77**

In der nebenstehenden Abbildung ist eine abstrakte Skulptur des Künstlers Antonio Spaß zu sehen. Die Grundfläche der Skulptur kann durch die Fläche beschrieben werden, die die folgende Funktion mit den Koordinatenachsen einschließt:

$$f(x) = -(x-1)^3 + 1$$

Die Höhe h der Skulptur beträgt 2m. Berechne das Volumen der Skulptur.

In der Abbildung ist die Funktion f rot gekennzeichnet und eine Längeneinheit entspricht 1 Meter in der Realität.

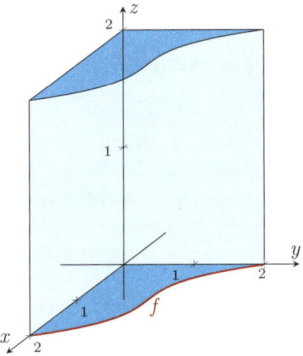

Aufgabe 82   **Lösung auf Seite 78**

Gegeben ist der Graph der Funktion f, sowie die Integralfunktion

$$F_1(z) = \int_1^z f(x)\, \mathrm{d}x.$$

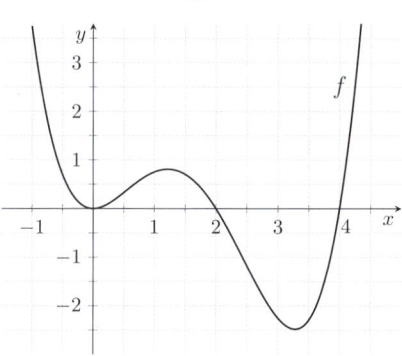

a) Wie viele Nullstellen hat die Integralfunktion F_1?

b) Bestimme den ungefähren Funktionswert der Funktion F_0 bei $z = 2$.

Aufgabe 83   **Lösung auf Seite 78**

Die Fläche eines Baseballfelds wird annähernd durch die Fläche beschrieben, welche die folgende Funktion im ersten Quadranten mit den Koordinatenachsen einschließt:

$$f(x) = -\frac{1}{3}x^2 + 3$$

Berechne die Fläche des Baseballfelds.

Aufgabe 84   **Lösung auf Seite 79**

Die Funktion
$$f(t) = 4 + 3e^{-3t}$$
beschreibt, wie viele Liter Öl, zu jedem Zeitpunkt, pro Minute aus einem havarierten Öltanker austreten. Berechne, wie viel nach 2 Stunden herausgeflossen ist.

Aufgabe 85   **Lösung auf Seite 79**

Bestimme den Flächeninhalt des Bereiches, der von den beiden Funktionen einge-schlossen wird:

$$f(x) = \frac{1}{x + 0{,}5 \cdot \sqrt{3}} \qquad \text{und} \qquad g(x) = -2x + \sqrt{3}$$

Aufgabe 86   **Lösung auf Seite 80**

Die untenstehende Abbildung zeigt ein symmetrisch durchhängendes Hochspannungs-kabel, welches zwischen zwei Strommasten hängt, die 20m von einander entfernt ste-hen. Der Verlauf des Kabels wird durch die folgende Funktion beschrieben:

$$f(x) = \frac{e^x + e^{-x}}{2}$$

Berechne die Gesamtlänge L des Kabels.

Eine Längeneinheit entspricht 5 Metern in der Realität.

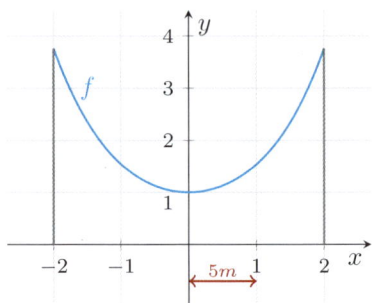

_____ **Tipp:** _____

Die Länge L einer Kurve im Intervall $[a; b]$ berechnet sich mittels der folgenden For-mel:

$$L = \int_a^b \sqrt{1 + (f'(x))^2} \, \mathrm{d}x$$

Aufgabe 87 Lösung auf Seite 81

Gegeben ist der Graph der Funktion f, sowie die Integralfunktion

$$F_0(z) = \int_0^z f(x)\,\mathrm{d}x.$$

a) Gib an, an welchen Stellen z die Integralfunktion F_0 Extrem-, Terrassen- oder Wendepunkte besitzt.

b) Wie viele Nullstellen hat die Integralfunktion?

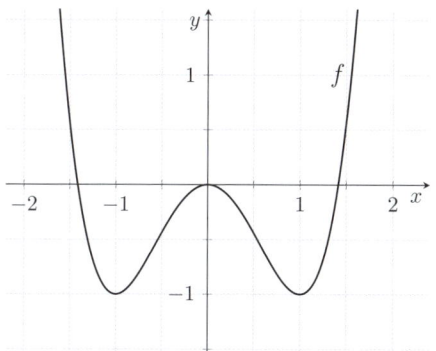

Aufgabe 88 Lösung auf Seite 82

Die Geschwindigkeit eines Lastkahns, der flussabwärts fährt, wird zu Beginn der Fahrt durch die folgende Funktion beschrieben:

$$v(t) = \frac{2t}{t^2 + 1} + 2$$

Die Zeit t wird hierbei in Minuten gemessen. Bestimme, welche Strecke der Lastkahn nach 5 min zurückgelegt hat.

——————————————— **Tipp:** ———————————————

Die Geschwindigkeit ist die erste Ableitung der zurückgelegten Strecke.

1.14 Rotationskörper

Aufgabe 89 **Lösung auf Seite 84**

Bestimme die Volumina der Rotationskörper, die entstehen, wenn folgende Funktionen im Intervall $[0; 1]$ um die x-Achse rotieren.

a) $f(x) = \sqrt{\dfrac{1}{x+1} + 2}$

c) $h(x) = e^{3x+1}$

b) $g(x) = -2x^2 + 3x$

Aufgabe 90 **Lösung auf Seite 85**

Wissenschaftler haben neuartige Castor-Behälter entwickelt. Deren Form kann durch die Rotation der folgenden Funktion um die x-Achse im Intervall $I = [0; 5]$ beschrieben werden:

$$f(x) = \sqrt{x} + 2$$

Eine Längeneinheit entspricht dabei 20 Zentimetern in der Realität.

a) Bestimme das Volumen, welches einer der neuartigen Behälter fassen kann.

b) Der Deckel der Behälter wird nach dem Befüllen zugeschweißt. An welcher Seite des Intervalls sollte sich der Boden befinden, wenn die Schweißarbeiten minimiert werden sollen?

c) Bestimme den Durchmesser des Deckels.

d) Um wie viel Prozent steigt das mögliche Füllvolumen eines Behälters, wenn er um zwanzig Prozent länger wird?

Aufgabe 91 **Lösung auf Seite 86**

Die Funktion f soll über einem Intervall der Länge 2 rotiert werden. Wie müssen die Intervallgrenzen gewählt werden, damit das Volumen des entstandenen Rotationskörpers maximal wird?

$$f(x) = \sqrt{\dfrac{2x}{x^2 + 1}}, \qquad \mathbb{D}_f = \mathbb{R}^+$$

1.15   Extremwertaufgaben

Aufgabe   92   **Lösung auf Seite 87**

Aus einem rechteckigen Stück Pappe von 42cm Länge und 30cm Breite soll eine oben offene Schachtel hergestellt werden.
Dazu wird an jeder der vier Ecken ein Quadrat abgeschnitten. Anschließend werden die überstehenden Streifen hochgeklappt. Wie groß müssen die Quadrate sein, damit das Volumen der Schachtel maximal wird?

Aufgabe   93   **Lösung auf Seite 88**

Auf einer Wiese soll eine rechteckige Pferdekoppel eingezäunt werden. Dazu stehen 60m Zaun zu Verfügung.

Eine Längeneinheit entspricht 1 Meter in der Realität.

a) Fertige eine Skizze inkl. Seitenlängen an. Diese sollte so genau wie möglich sein.

b) Gib die Maße der Koppel an, bei denen die eingezäunte Fläche maximal wird.

Aufgabe   94   **Lösung auf Seite 89**

Ein Flugzeug bewegt sich beim Start auf der Flugbahn

$$f(x) = \sqrt{x}.$$

Ein Besucher befindet sich auf der Besucherplattform im Punkt $B(2\,|\,0)$.

a) Fertige ein Skizze inkl. Bahn des Flugzeugs und Besucherplattform an.

b) An welchem Punkt kommt das Flugzeug dem Beobachter am nächsten?

Aufgabe   95   **Lösung auf Seite 91**

Das Schaubild der Funktion $f(x) = 12 - x^2$ schließt mit der x-Achse eine Fläche ein. In diese Fläche soll ein Rechteck einbeschrieben werden.

a) Fertige eine beschriftete Skizze an.

b) Gib die Maße des Rechtecks mit dem maximalen Flächeninhalt an.

Aufgabe 96   **Lösung auf Seite 92**

Zerlege die Zahl 36 in zwei positive Teile x und y, sodass das Produkt der einen Zahl mit der Quadratwurzel der anderen Zahl maximal wird.

Aufgabe 97   **Lösung auf Seite 93**

Ein Wanderer befindet sich im Punkt $A(0\,|\,1)$ in ebenem, aber unzugänglichem Gelände. In seiner Nähe verläuft eine schnurgerade Straße, welche durch die Funktion $y = 3$ beschrieben wird. Sein Ziel befindet sich im Punkt $C(6\,|\,3)$. Da das Gelände unzugänglich ist, schafft er dort nur eine Geschwindigkeit von $2\frac{\text{km}}{\text{h}}$. Auf der Staße hingegen schafft er $4\frac{\text{km}}{\text{h}}$.
Bestimme die minimale Zeit, die er benötigt, um von Punkt A zu Punkt C zu gelangen.

Eine Längeneinheit entspricht 1 Kilometer in der Realität.

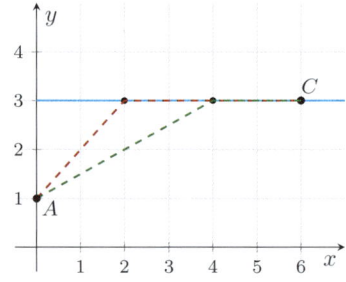

───────────────── **Tipp:** ─────────────────

Allgemein gilt $t = \frac{s}{v}$. Hierbei ist s der zurückgelegte Weg, t die dafür benötigte Zeit und v die Geschwindigkeit. Zudem sind in der Grafik zwei mögliche Wege eingezeichnet.

1.16 Steckbriefaufgaben

Aufgabe   98   **Lösung auf Seite 96**

Eine neue Landstraße soll drei Dörfer verbinden. Die Dörfer befinden sich in den Punkten $A(0 \mid 0)$, $B(2 \mid 2)$ und $C(4 \mid 0)$. Der Verlauf der Straße soll durch eine ganzrationale Funktion zweiten Grades beschrieben werden.
Bestimme mit den gegebenen Informationen diesen Graphen.

Aufgabe   99   **Lösung auf Seite 97**

Gesucht ist ein Polynom 3. Grades, welches im Ursprung einen Tiefpunkt hat. Außerdem soll die Funktion bei $x = -1$ eine Nullstelle besitzen und durch den Punkt $(1 \mid 2)$ verlaufen.

Aufgabe   100   **Lösung auf Seite 99**

Ein Maurer plant einen symmetrischen Torbogen. Dieser soll durch eine Funktion zweiten Grades beschrieben werden.
Die Höhe des Bogens soll am Scheitelpunkt 8m betragen, wobei seine Symmetrieachse bei $x = 2$ liegt. Der Torbogen beginnt bei $x = 1$ und hat am Boden eine Breite von insgesamt 2m.

Eine Längeneinheit entspricht 1 Meter in der Realität.

a) Fertige eine Skizze mit allen Spezifikationen des Kunden an.

b) Gib die Funktion an, mit welcher der Torbogen beschrieben wird.

Aufgabe   101   **Lösung auf Seite 101**

Der Verlauf eines Wasserfalls im Amazonasgebiet soll durch eine ganzrationale Funktion zweiten Grades beschrieben werden.
Der Wasserfall beginnt im Punkt $A(0 \mid 4)$ und trifft im Punkt $B(4 \mid 0)$ auf den Boden. Zudem ist bekannt, dass der Wasserfall waagrecht über die Felskante tritt.
Bestimme die Funktion, mit der der Verlauf des Wasserfalls beschrieben werden kann.

Aufgabe   102   **Lösung auf Seite 102**

Der Wasserpark *Water World* möchte eine neue Rutsche bauen, um sein Image aufzubessern. Dazu gibt er einem Ingenieur genaue Anweisungen:

Der Einstieg der Rutsche soll sich im Punkt $x = 10$ und in 15m Höhe befinden. Der Ausstieg soll sich im Punkt $(0 \mid 0)$ befinden.

Der steilste Punkt der Rutsche soll genau auf halber Strecke (x-Achse) zwischen Ein- und Ausstieg sein, wobei die Steigung dort den Wert 2 haben soll.

Gib die ganzrationale Funktion 3. Grades an, mit welcher die Rutsche beschrieben wird.

Eine Längeneinheit entspricht 1 Meter in der Realität.

Aufgabe   103   **Lösung auf Seite 104**

Gesucht ist ein Polynom 3. Grades, welches durch den Ursprung verläuft und einen Wendepunkt bei $(-1 \mid 0)$ besitzt. Außerdem besitzt die Funktion eine Wendetangente, die orthogonal auf der folgenden Gerade steht:

$$g(x) = \frac{1}{3}x + \frac{1}{3}$$

Bestimme eine Funktion f, die die gewünschten Eigenschaften erfüllt.

1.17 Exponentialfunktion & Logarithmus

Aufgabe 104   **Lösung auf Seite 106**

Bei einer schlecht eingeschenkten Maß Bier beträgt die Schaumhöhe anfangs 10cm. Um das Bier einigermaßen trinken zu können, wartet der Gast eine gewisse Zeit. Nach drei Minuten ist die Schaumhöhe auf die Hälfte zurückgegangen.

a) Stelle die Zerfallsgleichung für den Bierschaumzerfall auf.

b) Berechne, wann die Schaumhöhe auf drei Zentimeter zurückgegangen ist.

c) Bei einem anderen Gast beträgt die Schaumhöhe nach drei Minuten noch drei Zentimeter. Wie war die Schaumhöhe nach dem Einschenken?

Aufgabe 105   **Lösung auf Seite 107**

Physiker führen eine Experiment zum Radioaktiven Zerfall von Iod-131 durch. Sie beginnen ihr Experiment mit 10.000 Atomen. Nach 8h liegt nur noch die Hälfte der ursprünglichen Anzahl an Atomen vor. Als Modell wählen sie die Funktion

$$N(t) = N_0 \cdot e^{-\lambda t}.$$

a) Bestimme passende Werte für N_0 und λ, wenn t in Stunden gemessen wird.

b) Wie lange dauerte es, bis die ersten 1000 Atome zerfallen waren?

Aufgabe 106   **Lösung auf Seite 108**

Beim Pflanzen einer Orchidee ist diese 10cm groß. Nach sechs Wochen ist sie 25cm groß. Nimm an, dass die Größe der Pflanze exponentiellem Wachstum unterliegt.

a) Bestimme eine Funktion die diesen Sachverhalt modelliert.

b) Wie viel Zeit muss ab dem Zeitpunkt des Einpflanzens vergehen, damit die Pflanze 35cm groß ist?

c) Bestimme die Zeitspanne, in der sich die Höhe der Pflanze verdoppelt, d.h. auf 20cm anwächst.

d) Ab welcher Woche nach Beobachtungsbeginn wächst die Pflanze wöchentlich um mehr als fünf Zentimeter? Wie groß ist sie zu diesem Zeitpunkt?

Aufgabe 107   Lösung auf Seite 109

Physiker messen die Zerfallskurve von Bismut-210. Ihr Messergebnis ist in der unten stehenden Abbildung eingetragen.

Auf der y-Achse wird die Anzahl an vorhandenen Bismut-210-Atomen abgetragen. Auf der x-Achse wird die vergangene Zeit in Tagen dargestellt. Als Modell wählen sie die Funktion

$$N(t) = N_0 \cdot e^{-\lambda t}.$$

Bestimme mittels der Abbildung die passenden Werte für die Parameter N_0 und λ und gib die Halbwertszeit τ von Bismut-210 an.

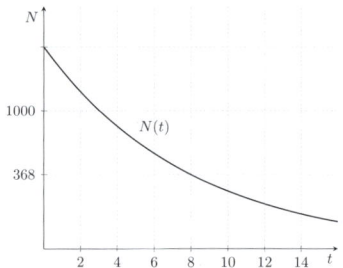

Aufgabe 108   Lösung auf Seite 111

Eine Biologin untersucht in einer Petrischale Bakterienkulturen der Gattung E.Coli. Durch einen Unfall wurden einige Datensätze zerstört. Ihre verbleibenden Daten sind in der unten stehenden Tabelle aufgeführt.

Vergangene Zeit (in Stunden)	0	1	2	3	5	10
Gemessene Bakterienanzahl	100	448	1900	8361	30.600	36.790

a) Für den Beginn vermutet die Biologin exponentielles Wachstum. Bestimme anhand der ersten beiden Datenpunkte die passenden Parameter.

b) Erläutere den Messwert bei $t = 0$ im Sachzusammenhang.

c) Vergleiche den empirischen Messwert zum Zeitpunkt $t = 5$ mit der Vorhersage des Modells.

d) Wann beträgt die momentane Wachstumsrate der Bakterienkultur, laut Modell, erstmalig mehr als 3000 Bakterien pro Stunde?

In Aufgabe c) wurde festgestellt, dass das Modell die Realität für lange Zeiträume nicht zutreffend abbildet. Daher wählt die Biologin zwei alternative Ansätze:

$$\text{(I)} \quad g(t) = 100 \cdot (4{,}5)^t \qquad \text{und} \qquad \text{(II)} \quad k(t) = \frac{36.800}{1 + 367e^{-1{,}5t}}$$

e) Begründe, welcher der beiden Ansätze sinnvoller ist.

f) Gib die maximale Größe der Kolonie im zweiten Modell an.

g) Zu welchem Zeitpunkt ist die Kolonie im zweiten Modell halb so groß, wie ihre Maximalgröße?

Aufgabe 109   **Lösung auf Seite 113**

Nimm an, dass sich der Wert eines Neuwagens jedes Jahr halbiert. Ein mathematisch versierter Autohändler versucht die Preisentwicklung für einen Neuwagen, der ursprünglich 10.000 Euro gekostet hat, zu modellieren. Dazu benutzt er eine Funktion der Form

$$P(t) = P_0 \cdot b^t.$$

Die Variable t gibt dabei die vergangene Zeit in Jahren an.

a) Bestimme passende Werte für die Parameter P_0 und b.

Ein Kollege behauptet, dass der gleiche Zusammenhang auch durch eine e-Funktion beschrieben werden kann.

b) Schreibe das obige Modell in eine Exponentialfunktion der Form

$$P(t) = P_0 \cdot e^{-\lambda t}$$

um und ermittle die passende Zerfallskonstante.

c) Zu welchem Zeitpunkt beträgt der Wert des Wagens noch gerade 2000 Euro?

1.18 Funktionsscharen

Aufgabe 110   **Lösung auf Seite 115**

Gegeben ist die folgende Funktionsschar:

$$f_t(x) = x^2 + tx - 6t^2$$

Bestimme sowohl die Nullstellen, als auch alle Extrempunkte in Abhängigkeit von t.

Aufgabe 111   **Lösung auf Seite 116**

Bestimme die Ortskurve aller Minima der folgenden Funktionsschar, wobei $k > 0$ gilt:

$$f_k(x) = x^3 - \frac{1}{k}x^2 - \frac{1}{k^2}x$$

Aufgabe 112   **Lösung auf Seite 117**

Gegeben ist die folgende Funktionsschar, wobei $t > 0$ gilt:

$$f_t(x) = x^3 - 12t^2x$$

a) Berechne die Schnittpunkte mit den Achsen, sowie die Extrem- und Wendepunkte in Abhängigkeit von t.

b) Berechne die Steigung des Graphen f_t im Ursprung. Berechne für welchen Wert von t die Steigung -1 beträgt.

c) Der Graph von f_t schließt mit der negativen x-Achse eine Fläche ein. Berechne, für welches t die Fläche 144 FE beträgt.

Aufgabe 113 **Lösung auf Seite 119**

In der unten stehenden Abbildung sind mehrere parallele Geraden zu sehen.

a) Bestimme eine Funktionsschar g_k, die alle dargestellten Geraden enthält.

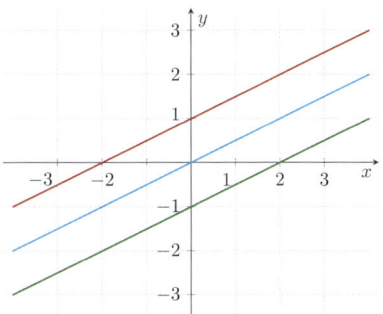

b) Bestimme die Ortskurve, auf der sich die Hochpunkte der folgenden Funktionsschar befinden, wobei $t > 0$ gilt:

$$f_t(x) = -2tx^3 + 3t^2x$$

Aufgabe 114 **Lösung auf Seite 120**

Gegeben ist die folgende Funktionsschar:

$$f_t(x) = x^3 - 4t^2x^2 + 4t^4x$$

a) Bestimme alle Extrem- und Wendepunkte in Abhängigkeit von t.

b) Gib die Ortskurven der Tief- und Wendepunkte an.

Aufgabe 115   **Lösung auf Seite 122**

In der unten stehenden Abbildung sind mehrere verschobene Normalparabeln zu sehen.

a) Bestimme eine Funktionsschar f_k, die alle dargestellten Normalparabeln enthält.

b) Bestimme rechnerisch für welche Werte von k die folgende Funktionsschar keine Nullstellen besitzt:
$$g_k(x) = kx^2 - 2x + 3$$

c) Für Parameter $k \neq 0$ schließt die Funktion g_k mit der Geraden $y = -x + 3$ eine Fläche ein. Für welchen Wert von k ist diese Fläche genau 1 FE groß?

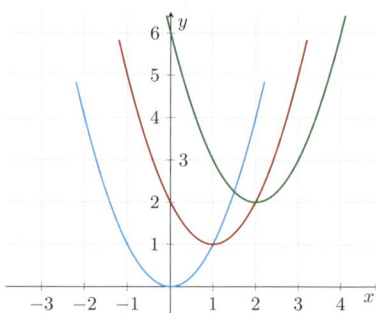

1.19 Kurvendiskussion

Aufgabe 116   **Lösung auf Seite 124**

Gegeben ist die Funktion $f(x) = 2x(x+3)(x-3)$.

a) Gib die Definitionsmenge $\mathbb{D}_f$ an.

b) Gib alle Nullstellen der Funktion f an.

c) Bestimme rechnerisch alle Extrempunkte der Funktion f und prüfe, ob es sich um einen Hoch- oder Tiefpunkt handelt.

d) Bestimme rechnerisch alle Wendepunkte der Funktion f.

e) Gib das Verhalten der Funktion f für $x \to \pm\infty$ an.

f) Benutze alle Informationen aus den vorherigen Aufgaben, um die Funktion f zu zeichnen.

g) Die Funktion f schließt im Intervall $[0;3]$ mit der x-Achse eine Fläche ein. Berechne deren Flächeninhalt.

Aufgabe 117   **Lösung auf Seite 126**

Gegeben ist die Funktion $f(x) = \frac{x^2 - 3x - 4}{x+2}$.

a) Berechne die ersten beiden Ableitungen von f.

b) Überprüfe die Funktion auf mögliche hebbare Definitionslücken und Polstellen.

c) Bestimme alle Asymptoten.

d) Bestimme die Schnittpunkte mit den Koordinatenachsen rechnerisch.

e) Bestimme die Extrempunkte rechnerisch und überprüfe, ob ein Hoch- oder Tiefpunkt vorliegt.

f) Bestimme die Wendepunkte rechnerisch.

g) Bestimme den Grenzwert $\lim\limits_{x \to \infty} f(x)$.

Aufgabe 118   **Lösung auf Seite 128**

Gegeben ist die folgende Funktion:

$$f_k(x) = \frac{x^2 + (3 - k)x - 3k}{x - 2}$$

a) Gib die Definitionsmenge $\mathbb{D}_f$ an.

b) Gib alle Nullstellen der Funktion f_k an.

c) Bestimme die erste Ableitung f'_k.

d) Wie viele Nullstellen besitzt die Ableitung in Abhängigkeit von k.

Von nun an gelte für alle folgenden Aufgaben $k = 1$.

e) Bestimme die Lage und Art der Extrempunkte.

f) Bestimme rechnerisch alle Wendepunkte der Funktion f.

g) Gib das Verhalten der Funktion f für $x \to \pm\infty$ an.

1.20 Spezielle Aufgabentypen

Aufgabe 119   **Lösung auf Seite 131**

Gegeben sind folgende abschnittsweise definierten Funktionen. Entscheide jeweils, ob die Funktion stetig und/oder differenzierbar ist:

a) $f(x) = \begin{cases} x - 1, & x > 1 \\ -x + 1, & x \leq 1 \end{cases}$ c) $h(x) = \begin{cases} -\ln(x) + 1, & x > 0 \\ \ln(-x + 1), & x \leq 0 \end{cases}$

b) $g(x) = \begin{cases} x^2, & x > 0 \\ 2x, & x \leq 0 \end{cases}$

Aufgabe 120   **Lösung auf Seite 132**

Bestimme folgende Ausdrücke mittels Polynomdivision:

a) $f(x) = \dfrac{x^3 - 2x^2 - 5x + 6}{x - 1}$ c) $h(x) = \dfrac{x^2 - 4x + 4}{x - 2}$

b) $g(x) = \dfrac{x^3 + 2x^2 - x - 2}{x + 2}$

Aufgabe 121   **Lösung auf Seite 133**

Bestimme folgende bestimmte Integrale mittels partieller Integration:

a) $f(x) = \displaystyle\int_0^{2\pi} x \cdot \cos(x) \, \mathrm{d}x$ c) $h(x) = \displaystyle\int_0^{\frac{\pi}{2}} \sin(x) \cdot \cos(x) \, \mathrm{d}x$

b) $g(x) = \displaystyle\int_0^1 x \cdot e^x \, \mathrm{d}x$

Aufgabe 122   **Lösung auf Seite 134**

Bestimme die Stammfunktion der Funktion $f(x) = \ln(x)$. Benutze dazu partielle Integration und den Ausdruck

$$x = \int 1 \, \mathrm{d}x = \int \frac{x}{x} \, \mathrm{d}x.$$

Aufgabe 123   **Lösung auf Seite 134**

Löse folgende Integrale mittels des Substitutionsverfahrens.

a) $f(x) = \displaystyle\int 2e^{2x} \, \mathrm{d}x$ b) $h(x) = \displaystyle\int_0^1 x \cdot \ln(x^2) \, \mathrm{d}x$

c) $g(x) = \displaystyle\int_0^1 \frac{1}{\sqrt{1 - x^2}} \, \mathrm{d}x$

––––––––––––––––––––––––   **Tipp:**   ––––––––––––––––––––––––

Benutze für Teil c) die Substitution $x = \sin(u)$; $u \in [0; 2\pi)$; sowie die Identität

$$\sin^2(x) + \cos^2(x) = 1.$$

1.21 Umfangreiche Aufgaben

Aufgabe   124   **Lösung auf Seite 136**

1. Gegeben ist die Funktion $f(x) = \ln(\cos(x))$.

   a) Bestimme den maximalen Definitionsbereich $\mathbb{D}_f$.

   b) Bestimme den maximalen Wertebereich $\mathbb{W}_f$.

   c) Berechne die Nullstellen.

Nun wird der Definitionsbereich auf das Intervall $I = \left(-\frac{\pi}{2}, \frac{\pi}{2}\right)$ eingeschränkt. Die eingeschränkte Funktion bezeichnen wir mit $\tilde{f} : I \to \mathbb{R}$.

   d) Zeige, dass für die zweite Ableitung gilt:

$$\tilde{f}''(x) = -\frac{1}{\cos^2(x)}$$

   e) Gib sowohl die Lage, als auch die Art aller Extrempunkte an.

   f) Begründe mithilfe der bisherigen Ergebnisse, dass die Funktion $\tilde{f}$ keine Wendepunkte besitzt.

   g) Untersuche das Verhalten von $\tilde{f}$ an den Definitionsrändern und skizziere die Funktion.

2. Die Funktion $\tilde{f}$ kann auf ihrem Definitionsbereich näherungsweise durch die Funktion g beschrieben werden:

$$g(x) = -\frac{x^2}{2} - \frac{x^4}{12}$$

   a) Die Funktion $\tilde{f}$ schließt im IV. Quadranten mit der x-Achse und der Geraden $x = 1{,}5$ einen Flächeninhalt von ca. $0{,}83$ ein. Um wie viel Prozent weicht der Flächeninhalt ab, wenn statt $\tilde{f}$ nun die Näherungsfunktion g benutzt werden würde?

   b) Begründe, dass die Integralfunktion $G(x) = \int_{-1,5}^{x} g(y)\,\mathrm{d}y$ nur eine einzige Nullstellen besitzt und gib diese an.

   c) Berechne die Umkehrfunktion g^{-1} auf dem Intervall $\left[0, \frac{\pi}{2}\right)$.

d) Gustav ist Gärtner und möchte ein Blumenbeet rechts von der y-Achse anlegen. Dies soll durch g, die Winkelhalbierende und eine dritte Gerade begrenzt werden, welche senkrecht zur x-Achse verläuft. Das Beet soll dabei 1 FE und der Winkel zwischen der dritten Gerade und der Funktion g genau 45° betragen. Er setzt die dritte Grenze bei $x = 1$.
Hat er seine Wünsche damit erfüllt? Wenn nein, kann er die dritte Grenze nach rechts oder links verschieben, um dies zu erreichen?

Aufgabe   125   **Lösung auf Seite 140**

1. Die Funktion $f(t) = e^{-(t-2)}(t^2 - t + 1)$ mit dem Definitionsbereich $\mathbb{D}_f = [0\,;\,\infty[$ beschreibt die Geschwindigkeit eines fahrenden Autos zum Beobachtungszeitpunkt t (s. Abbildung):

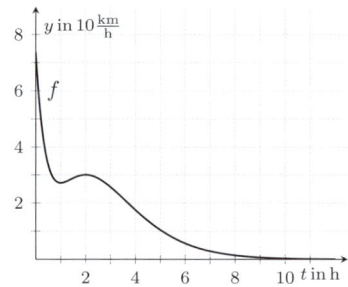

a) Zeige rechnerisch, dass das Auto irgendwann wahrscheinlich stehen bleiben wird, es davor jedoch zu keinem Stillstand kommt.

b) Bestimme rechnerisch die Lage und Art der Extrempunkte und deute den Verlauf der Funktion im Sachzusammenhang.

c) Gib die maximale Geschwindigkeit des Autos an.

d) Gib den Zeitpunkt der betragsmäßig größten Beschleunigung an.

e) Zeige, dass die Funktionen $F_k(t)$ Stammfunktionen von $f(t)$ sind:

$$F_k(t) = -e^{-(t-2)}(t^2 + t + 2) + k, \qquad k \in \mathbb{R}.$$

f) Gib eine Funktion an, die die zurückgelegte Strecke des Autos seit dem Zeitpunkt $t = 0$ beschreibt.

g) Wie viele Kilometer hat das Auto am Ende seiner Fahrt insgesamt zurückgelegt?

2. Auf einer Rennstrecke liefern sich ein schwarzer und ein grüner Sportwagen ein spannendes Duell. Das Stadion ist vollbesetzt und das Publikum eifert voller Begeisterung mit. Die Geschwindigkeiten der beiden Rennwägen sind in der untenstehenden Abbildung dargestellt und können durch die folgenden Funktionen beschrieben werden:

$$s(t) = -\frac{1}{4}t(4t^3 - 32t^2 + 81t - 73) \quad \text{und} \quad g(t) = t(-1{,}5t + 6).$$

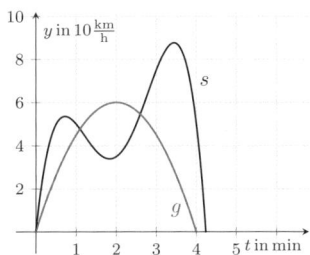

Dabei ist die Geschwindigkeit des schwarzen Wagens durch die Funktion $s(t)$ und die des grünen durch $g(t)$ gegeben. Mal liegt der eine in Führung, dann wieder der andere.

a) Sieger ist derjenige, der nach 4 Minuten die meiste Strecke zurückgelegt hat. Ermittle rechnerisch, wer das Rennen gewinnt und mit wie viel Kilometer Vorsprung.

b) Ein großer Fan und Hobbyanalyst behauptet, es würde bereits genügen, einen einzigen Parameter in der Funktion $g(t)$ zu verändern, damit der grüne Wagen die Ziellinie zuerst überquert.
Betrachte nun die Funktion $g_m(t) = t(-1{,}5t + m), m \in \mathbb{N}$. Wie groß muss m mindestens sein, damit der grüne Sportwagen gewinnt?

3. Formel-1-Fan Jona möchte seinen neuen Sportwagen Probe fahren. Dazu begibt er sich auf eine Teststrecke, auf der er mindestens eine Stunde fahren möchte, bevor er nachtanken muss. Sein Tank fasst ein Volumen von 100 Liter und ist zu Beginn voll. Der Benzinstand während der Fahrt kann durch eine lineare Funktion $b(t)$ modelliert werden, die von der Zeit in Sekunden abhängt. Als Funktionswerte gibt sie das noch verbleibende Benzin in Liter zurück. Dabei fällt die Funktion mit dem Wert der maximalen Beschleunigung a_{max} (in $\frac{m}{s^2}$ gegeben), welcher noch mit dem Faktor $\frac{1}{300}\frac{s}{m}$ skaliert wird.

Die folgende Funktion beschreibt die Geschwindigkeit eines startenden Autos:

Funktion $v = v_k$ mit ausgewähltem Parameter k:

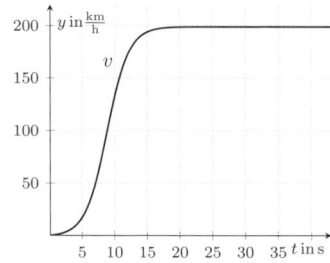

$$v_k(t) = \frac{200}{1 + 200e^{-kt}} - \frac{200}{201}, \quad k \in \mathbb{R}.$$

a) Stelle die Funktion $b(t)$ auf und gib an, wie viel Jona maximal beschleunigen darf, damit sein Wagen eine Stunde durchhält.

b) Bestimme nun die exakte Funktion, mit der die Geschwindigkeit von Jonas Wagen modelliert werden kann. Nimm dazu an, dass es genau einen Wendepunkt gibt.

──────────────── **Tipp:** ────────────────

Um von $\frac{\text{km}}{\text{h}}$ in $\frac{\text{m}}{\text{s}}$ umzuwandeln, dividiere durch 3,6.

Aufgabe 126   **Lösung auf Seite 146**

a) Beweise, dass es sich bei der Funktion $G(x) = x \cdot \ln(x) - x$ um eine mögliche Stammfunktion der Funktion $g(x) = \ln(x)$ handelt.

b) Gib eine weitere Stammfunktion an, die durch den Punkt $P(e|e)$ verläuft.

Gegeben ist die Funktion $f(x) = -1 + \ln(x - 1)$.

c) Beschreibe, wie G_f schrittweise aus dem Graphen der in $\mathbb{R}^+$ definierten Funktion g hervorgeht.

d) Bestimme die maximale Definitionsmenge $\mathbb{D}_f$ der Funktion f, bei der gilt, dass die zugehörige Wertemenge $\mathbb{W}_f$ eine Teilmenge von $\mathbb{R}_0^-$ ist.

In der unten stehenden Abbildung ist die Profilansicht einer rotationssymmetrischen Vase zu sehen. Die rechte Außenkante wird durch den Verlauf der Funktion f im Bereich $[r; 1 + e]$ beschrieben (blau eingezeichnet). Der Parameter r entspricht hier dem Radius des Vasenbodens. Es soll $r > 1$ gelten. Eine Längeneinheit entspricht 10cm in der Realität.

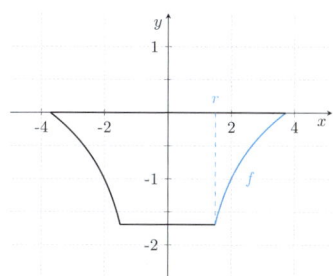

e) Durch welche Funktion kann der Verlauf der linken Außenkante beschrieben werden? Gib den Funktionsterm, sowie die Definitionsmenge an.

f) Gib die Höhe h der Vase an, wenn der Boden einen Durchmesser von 30cm hat.

g) Bestimme den Flächeninhalt, den die beiden Funktionen mit der x-Achse und der Horizontalen bei $y = -h$ einschließen.

Im Bereich $[2; 3]$ kann die Funktion f in guter Näherung durch eine Funktion aus der Parameterschar

$$f_k(x) = \frac{2x^3 - 15x^2 + 7k(x - 1) - 4}{k}$$

beschrieben werden. Hierbei gilt $k \in \mathbb{R}^+$.

h) Für welche Parameter k hat die Funktion keine Extrempunkte?

i) Für welche Werte des Parameters k hat die Funktion einen Wendepunkt bei $x = 2{,}5$?

2 Lineare Algebra

2.1 Lineare Gleichungssysteme

Aufgabe 127   **Lösung auf Seite 150**

In einer Urne befinden sich 12 Kugeln. Es ist bekannt, dass sich in der Urne drei mal so viele blaue wie rote Kugeln befinden. Zieht man blind eine Kugel, so erhält man mit einer Wahrscheinlichkeit von 66,66% eine grüne Kugel.
Wie viele Kugeln jeder Farbe sind in der Urne?

Aufgabe 128   **Lösung auf Seite 151**

Löse folgende Gleichungssysteme:

a)
$(1): \quad 3x + 2y + 2z = 2$
$(2): -5x - 2y - z = -5$
$(3): \quad 6x + 2y + 4z = 10$

b)
$(1): \quad 2x - 2y + 2z = -4$
$(2): \quad 4x + 2y \quad\quad = 6$
$(3): -3x + 5y + z = 0$

Aufgabe 129   **Lösung auf Seite 152**

Bei der Post gibt es ein Sonderaktion für Briefmarken. Zur Auswahl stehen rote, blaue und grüne Briefmarken.
Das erste Paket enthält drei rote, zwei blaue und eine grüne Briefmarke und kostet 2 Euro und 50 Cent. Das zweite Paket enthält vier rote, zwei blaue und vier grüne Marken und kostet fünf Euro. Das teuerste Paket kostet zehn Euro und enthält zehn grüne, sowie zehn rote Briefmarken. Bestimme den Wert der einzelnen Briefmarken.

Aufgabe 130   **Lösung auf Seite 153**

Löse folgende Gleichungssysteme:

a)
$(1): \quad 2x + 3y - 2z = -3$
$(2): -5x - 7y - 2z = -8$
$(3): \quad\quad\quad 4y + 4z = -4$

b)
$(1): \quad 2x - 3y + z = -4$
$(2): -4x + 6y - 2z = 3$
$(3): -3x + 5y + 4z = 0$

Aufgabe 131 **Lösung auf Seite 154**

Klaus kauft auf dem Wochenmarkt ein. Er kauft drei mal so viele Bananen wie Äpfel. In einen seiner Tragekörbe passen 12 Stück Obst. In diesem verstaut er die Hälfte seiner Äpfel, sowie ein Drittel seiner Bananen und die Hälfte seiner Orangen. Den Rest verstaut er in einem zweiten Korb. In diesem befinden sich 18 Stück Obst. Wie viele Bananen, Orangen und Äpfel hat Klaus gekauft?

Aufgabe 132 **Lösung auf Seite 155**

Löse folgende Gleichungssysteme:

a) $(1): 6x + 7y - z = -1$
$(2): 3x - 8y - 3z = -4$
$(3): -x + 4y + 2z = 6$

b) $(1): 2x - 2y + 2z = -4$
$(2): 2y - 2z = 6$
$(3): -4x + 4y - 4z = 8$

2.2 Grundlagen Vektoren

Aufgabe 133   **Lösung auf Seite 157**

Bestimme jeweils Kreuz- und Skalarprodukt der Vektoren $\vec{v}$ und $\vec{w}$. Stehen die Vektoren senkrecht zueinander?

a) $\vec{v} = \begin{pmatrix} -1 \\ 4 \\ 2 \end{pmatrix}$, $\quad \vec{w} = \begin{pmatrix} 3 \\ 0 \\ -7 \end{pmatrix}$

b) $\vec{v} = \begin{pmatrix} -2 \\ 3 \\ 3 \end{pmatrix}$, $\quad \vec{w} = \begin{pmatrix} 3 \\ -4 \\ 6 \end{pmatrix}$

Aufgabe 134   **Lösung auf Seite 157**

Ein Vogel fliegt vom Punkt $A(-5\,|\,3\,|\,1)$ zum Punkt $B(4\,|\,3\,|\,3)$ und von dort zur Spitze eines Kirchturms, welche im Punkt $K(0\,|\,6\,|\,6)$ liegt.

a) Um wie viel Prozent war die gewählte Route länger als die direkte Route von A nach K?

b) Der Kirchturm beginnt im Ursprung. Wie hoch ist er?

Aufgabe 135   **Lösung auf Seite 159**

Prüfe folgende Vektoren auf lineare Abhängigkeit:

a) $\vec{v} = \begin{pmatrix} 3 \\ 6 \\ -2 \end{pmatrix}$, $\vec{w} = \begin{pmatrix} -1 \\ 2 \\ 0 \end{pmatrix}$

b) $\vec{v} = \begin{pmatrix} 1 \\ -3 \\ 2 \end{pmatrix}$, $\vec{w} = \begin{pmatrix} 2 \\ 0 \\ -2 \end{pmatrix}$, $\vec{z} = \begin{pmatrix} 1 \\ 0 \\ -1 \end{pmatrix}$

Aufgabe 136   **Lösung auf Seite 160**

Auf einer Schatzkarte befinden sich folgende Anweisungen:

1. Gehe drei Schritte nach Süden.

2. Anschließend drehe dich Richtung Osten und mache vier Schritte rückwärts.

3. Dort triffst du auf eine Felswand. Klettere zwei Einheiten nach oben. Hier liegt der Schatz verborgen.

Nimm an, dass die Schatzsuche im Ursprung beginnt. Die Himmelsrichtung Süden entspricht der positiven x_1-Achse und ein Schritt einer Längeneinheit.

a) In welchem Punkt liegt der Schatz?

b) Was ist die Luftlinien-Distanz vom Ursprung zum Schatz?

Aufgabe 137   **Lösung auf Seite 161**

Das Dreieck FLO hat die Eckpunkte $F(-1\,|\,2\,|\,0)$, $L(2\,|\,2\,|\,0)$ und $O(-1\,|\,5\,|\,0)$.

a) Handelt es sich um ein rechtwinkliges Dreieck?

b) Bestimme den Flächeninhalt.

Aufgabe 138   **Lösung auf Seite 162**

Prüfe folgende Vektoren auf lineare Abhängigkeit:

a) $\vec{v} = \begin{pmatrix} 4 \\ 6 \\ -2 \end{pmatrix}$, $\vec{w} = \begin{pmatrix} -2 \\ -3 \\ 1 \end{pmatrix}$

b) $\vec{v} = \begin{pmatrix} 1 \\ 0 \\ 2 \end{pmatrix}$, $\vec{w} = \begin{pmatrix} 2 \\ -1 \\ -2 \end{pmatrix}$, $\vec{z} = \begin{pmatrix} 3 \\ -3 \\ 0 \end{pmatrix}$

Aufgabe 139   **Lösung auf Seite 164**

Das Flachdach eines Hauses wird durch das Parallelogramm SABI mit den Eckpunkten $S\,(1\,|\,1\,|\,2)$, $A\,(2\,|\,0\,|\,2)$, $B\,(2\,|\,3\,|\,2)$ und $I\,(1\,|\,4\,|\,2)$ beschrieben.

a) Berechne den Flächeninhalt des Daches.

b) Bestimme die Länge der Dachkante $\overrightarrow{AB}$.

c) Eine auf dem Dach installierte Antenne zeigt in Richtung des Vektors

$$\vec{v} = \begin{pmatrix} 0 \\ 0 \\ 2 \end{pmatrix}.$$

Steht sie senkrecht auf dem Dach?

Aufgabe 140   **Lösung auf Seite 165**

Eine Brücke verbindet die beiden Punkte $A\,(3\,|\,2\,|\,2)$ und $B\,(1\,|\,4\,|\,2)$. Genau in der Mitte der Brücke befindet sich ein senkrechter Stützträger, der zwei Längeneinheiten hoch ist.

a) In welchem Punkt ist der Träger am Boden verankert?

b) Eine zweite Brücke verbindet den Punkt B mit dem Punkt $C\,(-1\,|\,0\,|\,2)$. Verlaufen die beiden Brücken in einem rechten Winkel zueinander?

Aufgabe 141   **Lösung auf Seite 166**

Prüfe folgende Vektoren auf lineare Abhängigkeit:

a) $\vec{v} = \begin{pmatrix} 8 \\ 7 \\ -2 \end{pmatrix}$, $\vec{w} = \begin{pmatrix} 4 \\ 2 \\ -1 \end{pmatrix}$

b) $\vec{v} = \begin{pmatrix} 1 \\ -3 \\ 2 \end{pmatrix}$, $\vec{w} = \begin{pmatrix} 2 \\ 6 \\ -2 \end{pmatrix}$, $\vec{z} = \begin{pmatrix} 3 \\ 3 \\ 0 \end{pmatrix}$

2.3 Geraden

Aufgabe 142 **Lösung auf Seite 167**

Gegeben sind die Punkte

$$A(0 \mid 1 \mid 5) \quad \text{und} \quad B(3 \mid 0 \mid -1).$$

a) Stelle die Gerade auf, die durch die beiden Punkte verläuft.

b) Liegt der Ursprung auf der Geraden?

Aufgabe 143 **Lösung auf Seite 168**

Liegen die folgenden Punkte jeweils auf einer Geraden?

a) $A(3 \mid 0 \mid 2)$, $B(4 \mid 1 \mid 4)$ und $C(6 \mid 3 \mid 8)$

b) $A(7 \mid 4 \mid 3)$, $B(9 \mid 10 \mid 4)$ und $C(11 \mid 10 \mid 3)$

Aufgabe 144 **Lösung auf Seite 170**

Ein hungriger Maulwurf sitzt im Punkt $M(1 \mid -2 \mid 0)$. Er möchte sich einen geraden Tunnel in den Boden graben. Sein Tunnel soll an zwei Punkten vorbeiführen, an denen er Käfer vermutet. Angenommen die Käfer befinden sich an den Punkten

$$K(2 \mid -3 \mid -3) \quad \text{und} \quad I(4 \mid -5 \mid -9),$$

kann der Maulwurf diese mit nur einem Tunnel erreichen?

Aufgabe 145 **Lösung auf Seite 171**

Gegeben sind die Punkte

$$A(4 \mid -2 \mid 2) \quad \text{und} \quad B(5 \mid -1 \mid -3).$$

a) Stelle die Gerade auf, die durch die beiden Punkte verläuft.

b) Welchen Wert muss k annehmen, damit der Punkt $C(1 \mid k \mid 17)$ auf der aufgestellten Geraden liegt?

Aufgabe 146   **Lösung auf Seite 172**

Nimm Stellung zu folgenden Aussagen:

a) Auf jeder Geraden lässt sich ein Punkt finden, dessen zweite Koordinate den Wert -3 hat.

b) Auf jeder Geraden lässt sich ein Punkt finden, dessen erste Koordinate 1 und dessen zweite Koordinate 0 ist.

c) Es gibt eine Gerade, die, unabhängig von ihrem Richtungsvektor, die $x_1 x_2$-Ebene, die $x_1 x_3$-Ebene und die $x_2 x_3$-Ebene schneidet.

2.4 Ebenen

Aufgabe 147 **Lösung auf Seite 174**

Gegeben ist der Normalenvektor $\begin{pmatrix} -3 \\ 0 \\ 1 \end{pmatrix}$ einer Ebene und der Punkt $A\,(0 \mid 1 \mid 4)$, der auf der Ebene liegt.

a) Gib die Koordinatenform der Ebene an.

b) Gib die Schnittpunkte der Ebene mit den Koordinatenachsen an.

Aufgabe 148 **Lösung auf Seite 175**

In einem Actionfilm springt der Held in einer dramatischen Verfolgungsjagd von einem Haus und landet senkrecht auf der Markise eines Cafés. Er trifft die Markise im Punkt $M\,(6 \mid 4 \mid 1)$.
Sein Fall kurz vor dem Aufprall kann durch den Vektor $\begin{pmatrix} 3 \\ -2 \\ -1 \end{pmatrix}$ beschrieben werden.

a) Gib eine Normalenform der Ebene an, die die Markise beschreibt.

b) Gib eine Hessesche Normalenform der Ebene an.

c) Gib eine Koordinatenform der Ebene an.

Aufgabe 149 **Lösung auf Seite 176**

Die Punkte $A\,(1 \mid 2 \mid 3)$, $B\,(0 \mid 1 \mid 2)$ und $C\,(1 \mid 2 \mid 2)$ liegen auf einer Ebene.

a) Gib eine Parameterform der Ebene an.

b) Gib eine Koordinatenform der Ebene an.

c) Liegt der Punkt $P\,(1 \mid 2 \mid 0)$ auf der Ebene?

Aufgabe 150   **Lösung auf Seite 177**

Für Rollstuhlfahrer soll eine rechteckige Rampe gebaut werden. Die linke untere Ecke der Rampe soll sich im Ursprung befinden. Die rechte untere Ecke hingegen im Punkt $A\,(1\mid0\mid0)$. Die Rampe soll in der Schräge 2,55m lang und am Ende einen halben Meter hoch sein. (s. Skizze)
Nimm dazu an, dass die x_1x_2-Ebene den Boden darstellt und eine Längeneinheit einem Meter entspricht. Runde auf zwei Nachkommastellen.

a) Gib die oberen beiden Eckpunkte der Rampe an.

b) Gib eine Parameterform der Ebene an, in der die Rampe liegt.

c) Gib eine Koordinatenform an.

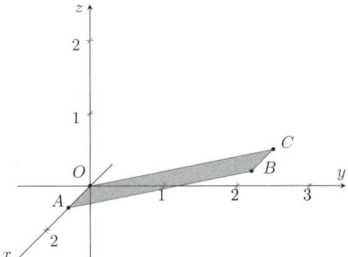

Aufgabe 151   **Lösung auf Seite 179**

a) Gib eine Parameterform der Ebene an, die durch die folgenden Punkte aufgespannt wird:

$$A\,(0\mid 0\mid 1)\,, \quad B\,(3\mid -2\mid -10)\,, \quad C\,(2\mid -7\mid 1)$$

b) Gib eine Parameterform der Ebene an, die durch den Punkt $A\,(-4\mid -1\mid -1)$ und die folgende Gerade aufgespannt wird:

$$g : \vec{x} = \begin{pmatrix} 8 \\ 7 \\ 6 \end{pmatrix} + \lambda \begin{pmatrix} 6 \\ 0 \\ 1 \end{pmatrix}, \quad \lambda \in \mathbb{R}.$$

c) Wandle die Ebenen E und F in die Hessesche Normalenform (in Koordinatenform) um, wobei $\lambda, \mu \in \mathbb{R}$ gilt.

$$E : \vec{x} = \begin{pmatrix} 3 \\ 1 \\ 3 \end{pmatrix} + \lambda \begin{pmatrix} 1 \\ 2 \\ 1 \end{pmatrix} + \mu \begin{pmatrix} 1 \\ 0 \\ 1 \end{pmatrix}$$

$$F : \vec{x} = \begin{pmatrix} 5 \\ -1 \\ 2 \end{pmatrix} + \lambda \begin{pmatrix} -1 \\ 3 \\ 2 \end{pmatrix} + \mu \begin{pmatrix} 0 \\ -2 \\ -1 \end{pmatrix}$$

Aufgabe 152   **Lösung auf Seite 182**

Gegeben sind der Punkt $A\,(-1\mid k\mid 6)$ und die Gerade

$$g : \vec{x} = \begin{pmatrix} -3 \\ -7 \\ 1 \end{pmatrix} + \lambda \begin{pmatrix} 1 \\ 1 \\ 1 \end{pmatrix}, \quad \lambda \in \mathbb{R}.$$

a) Gib eine Parameterform der Ebene an, die die Gerade g und den Punkt A enthält.

b) Welchen Wert muss k annehmen, damit der Punkt $B\,(4\mid 0\mid -1)$ auf der Ebene liegt?

c) Gib eine Koordinatenform der Ebene aus Teil b) an.

Aufgabe   153   **Lösung auf Seite 184**

Die Stadt New York möchte einen neuen Wolkenkratzer bauen. Dieser soll ein schräges Dach besitzen, wobei zwei Kanten durch die folgenden Geraden beschrieben werden:

$$g : \vec{x} = \begin{pmatrix} 4 \\ -1 \\ -7 \end{pmatrix} + \lambda \begin{pmatrix} 2 \\ 0 \\ -6 \end{pmatrix}, \quad \lambda \in \mathbb{R},$$

$$h : \vec{x} = \begin{pmatrix} 1 \\ 3 \\ 6 \end{pmatrix} + \mu \begin{pmatrix} 3 \\ 4 \\ -5 \end{pmatrix}, \quad \mu \in \mathbb{R}.$$

a) Gib die Parameterform der Ebene an, in der das Dach liegt.

b) Gib eine Koordinatenform der Ebene an.

2.5 Umwandlung von Ebenenformen

Aufgabe 154   **Lösung auf Seite 186**

Gib eine Parameterform der folgenden Ebenen an:

a) $E : 2x_1 + x_2 - 4x_3 + 1 = 0$

b) $F : 6x_1 - 3x_2 + x_3 = 0$

Aufgabe 155   **Lösung auf Seite 187**

Gib eine Parameterform der folgenden Ebenen an:

a) $E : x_1 - 7x_3 + 5 = 0$

b) $F : x_3 - 4 = 0$

Aufgabe 156   **Lösung auf Seite 188**

Gib eine Parameterform der folgenden Ebenen an:

a) $E : 2x_1 - x_3 + 5 + t = 0$

b) $F : -x_1 + (3 + s)x_2 + 3 = 0$

2.6 Lagebeziehungen zweier Geraden

> **Aufgabe 157** **Lösung auf Seite 190**
>
> Ein Bergbauunternehmen plant einen neuen Schacht. Die Bohrung beginnt im Punkt $A\,(1\mid -1\mid 0)$. Als erstes Zwischenziel ist der Punkt $B\,(0\mid 1\mid -3)$ ausgegeben. Ein älterer Schacht verläuft entlang der Geraden
>
> $$g:\ \vec{x} = \begin{pmatrix} -0{,}5 \\ -1 \\ -0{,}5 \end{pmatrix} + \lambda \begin{pmatrix} 1 \\ 1 \\ -1 \end{pmatrix}, \quad \lambda \in \mathbb{R}.$$
>
> a) Entscheide, ob die Bohrung des neuen Schachts auf den ersten treffen wird. Wenn ja, in welchem Punkt?
>
> b) Verlaufen die beiden Tunnel senkrecht zueinander?

> **Aufgabe 158** **Lösung auf Seite 191**
>
> Seien $\lambda, \mu \in \mathbb{R}$. Bestimme die Lagebeziehung der Geraden g und h. Falls sie sich schneiden, gib den Schnittpunkt an.
>
> a) $g:\ \vec{x} = \begin{pmatrix} -1 \\ 0 \\ 2 \end{pmatrix} + \lambda \begin{pmatrix} 3 \\ 4 \\ -1 \end{pmatrix}, \quad h:\ \vec{x} = \begin{pmatrix} -4 \\ -5 \\ 3 \end{pmatrix} + \mu \begin{pmatrix} -3 \\ -3 \\ 1 \end{pmatrix}$
>
> b) $g:\ \vec{x} = \begin{pmatrix} 2 \\ 0 \\ -2 \end{pmatrix} + \lambda \begin{pmatrix} 1 \\ 1 \\ 2 \end{pmatrix}, \quad h:\ \vec{x} = \begin{pmatrix} -1 \\ 9 \\ 0 \end{pmatrix} + \mu \begin{pmatrix} -3 \\ 3 \\ -2 \end{pmatrix}$

Aufgabe 159   **Lösung auf Seite 192**

In einem Labor verlaufen zwei Laserstrahlen entlang der Geraden g und h:

$$g : \vec{x} = \begin{pmatrix} 2 \\ -2 \\ 2 \end{pmatrix} + \lambda \begin{pmatrix} -1 \\ 1 \\ 2 \end{pmatrix}, \quad \lambda \in \mathbb{R},$$

$$h : \vec{x} = \begin{pmatrix} -3 \\ -6 \\ 0 \end{pmatrix} + \mu \begin{pmatrix} 1 \\ -2 \\ -1 \end{pmatrix}, \quad \mu \in \mathbb{R}.$$

Um das Experiment sicher durchzuführen, dürfen sich die beiden Strahlen nicht schneiden.

a) Entscheide, ob der Experimentaufbau bereits die Anforderungen erfüllt.

b) Ein missgünstiger Laborant versucht das Experiment zu sabotieren. Daher richtet er die Strahlrichtung des zweiten Lasers entlang des Vektors

$$\vec{v} = \begin{pmatrix} 1 \\ -2 \\ p \end{pmatrix}$$

neu aus. Wie muss der Parameter p gewählt werden, damit sich die Strahlen schneiden?

Aufgabe 160   **Lösung auf Seite 194**

Seien $\lambda, \mu \in \mathbb{R}$. Bestimme die Lagebeziehung der Geraden g und h. Falls sie sich schneiden, gib den Schnittpunkt an.

a) $g : \vec{x} = \begin{pmatrix} 4 \\ 0 \\ 3 \end{pmatrix} + \lambda \begin{pmatrix} -2 \\ 0 \\ -6 \end{pmatrix}, \quad h : \vec{x} = \begin{pmatrix} 5 \\ -6 \\ 0 \end{pmatrix} + \mu \begin{pmatrix} 1 \\ -2 \\ 1 \end{pmatrix}$

b) $g : \vec{x} = \begin{pmatrix} 1 \\ 8 \\ 1 \end{pmatrix} + \lambda \begin{pmatrix} 1 \\ -1 \\ 2 \end{pmatrix}, \quad h : \vec{x} = \begin{pmatrix} -1 \\ 3 \\ 4 \end{pmatrix} + \mu \begin{pmatrix} 3 \\ 3 \\ -2 \end{pmatrix}$

Aufgabe 161 Lösung auf Seite 195

Zwei Atom-U-Boote im Nordpolarmeer befinden sich auf Tauchfahrt. Sie bewegen sich entlang der Geraden

$$g : \vec{x} = \begin{pmatrix} 3 \\ -4 \\ -5 \end{pmatrix} + t_1 \begin{pmatrix} 3 \\ -2 \\ -1 \end{pmatrix} \quad \text{und}$$

$$h : \vec{x} = \begin{pmatrix} 1 \\ 0 \\ -3 \end{pmatrix} + t_2 \begin{pmatrix} 2 \\ -2 \\ -1 \end{pmatrix}.$$

Der Richtungsvektor entspricht bei beiden Geraden der gerichteten Geschwindigkeit. Die Parameter $t_1, t_2 \in \mathbb{R}^+$ repräsentieren die vergangene Zeit.

a) Sollten die beiden U-Boote kollidieren kommt es zum nuklearen Super-Gau. Ist die Welt in Gefahr?

b) Ein drittes U-Boot startet seine Tauchfahrt im Punkt $P(2 \mid -4 \mid -6)$ und bewegt sich parallel zum ersten. Mit welcher Gerade kann diese Bewegung beschrieben werden?

Aufgabe 162 Lösung auf Seite 196

Seien $\lambda, \mu \in \mathbb{R}$.

a) Bestimme die Lagebeziehung der Geraden g und h:

$$g : \vec{x} = \begin{pmatrix} 1 \\ 5 \\ 8 \end{pmatrix} + \lambda \begin{pmatrix} 4 \\ -8 \\ -6 \end{pmatrix}, \quad h : \vec{x} = \begin{pmatrix} 3 \\ 1 \\ 5 \end{pmatrix} + \mu \begin{pmatrix} 4 \\ -8 \\ -6 \end{pmatrix}$$

b) Wie muss der Parameter p gewählt werden, damit sich die Geraden schneiden?

$$g : \vec{x} = \begin{pmatrix} -2 \\ 1 \\ p \end{pmatrix} + \lambda \begin{pmatrix} 3 \\ 1 \\ 5 \end{pmatrix}, \quad h : \vec{x} = \begin{pmatrix} -1 \\ 0 \\ 1 \end{pmatrix} + \mu \begin{pmatrix} 1 \\ 1 \\ 4 \end{pmatrix}$$

2.7 Lagebeziehungen einer Gerade und einer Ebene

Aufgabe   163   **Lösung auf Seite 198**

Ein Projektil auf einem Testgelände fliegt entlang der Geraden

$$g: \ \vec{x} = \begin{pmatrix} -3 \\ -3 \\ 2 \end{pmatrix} + \lambda \begin{pmatrix} 2 \\ 2 \\ 1 \end{pmatrix}, \quad \lambda \in \mathbb{R}.$$

In welchem Punkt trifft es auf die Wand, welche durch die folgende Ebene beschrieben wird?

$$E: \ 2x_1 + 2x_2 + x_3 - 12 = 0$$

Aufgabe   164   **Lösung auf Seite 198**

Untersuche die Lagebeziehung der Ebene E und der Geraden g. Falls sie sich schneiden, gib den Schnittpunkt an.

a) $g: \vec{x} = \begin{pmatrix} 1 \\ 5 \\ 8 \end{pmatrix} + \lambda \begin{pmatrix} 4 \\ 2 \\ -6 \end{pmatrix}, \ \lambda \in \mathbb{R},$ $\qquad E: \ 3x_1 - 2x_2 - 1 = 0$

b) $g: \vec{x} = \begin{pmatrix} -2 \\ 3 \\ 1 \end{pmatrix} + \lambda \begin{pmatrix} 3 \\ -1 \\ -2 \end{pmatrix}, \ \lambda \in \mathbb{R},$ $\qquad E: \ 3x_1 - x_2 - 2x_3 + 1 = 0$

Aufgabe   165   **Lösung auf Seite 199**

Untersuche die Lagebeziehung der Ebene E und der Geraden g. Falls sie sich schneiden, gib den Schnittpunkt an.

a) $g: \vec{x} = \begin{pmatrix} 1 \\ 2 \\ -3 \end{pmatrix} + \lambda \begin{pmatrix} 0 \\ -4 \\ -4 \end{pmatrix}, \quad \lambda \in \mathbb{R}, \quad E: \ -x_1 + 4x_2 - x_3 + 2 = 0$

b) $g: \vec{x} = \begin{pmatrix} 4 \\ -3 \\ 2 \end{pmatrix} + \lambda \begin{pmatrix} 2 \\ 0 \\ -2 \end{pmatrix}, \quad \lambda \in \mathbb{R}, \quad E: \ 2x_1 + x_2 + 2x_3 - 9 = 0$

Aufgabe 166   **Lösung auf Seite 200**

Ein neu geplanter U-Bahn Tunnel soll entlang der Geraden durch die Punkte $A\left(-1 \mid 3 \mid -2\right)$ und $B\left(2 \mid 1 \mid -2\right)$ verlaufen. Geologen haben angemerkt, dass im Untergrund eine besonders harte Granitschicht zu finden ist, die den Bau fast unmöglich macht. Diese Schicht kann durch die Ebene

$$E: \ -x_1 + 3x_2 - x_3 - 30 = 0$$

beschrieben werden. Trifft der neu geplante Tunnel auf die Granitschicht?

Aufgabe 167   **Lösung auf Seite 201**

Für ein neuartiges Beleuchtungssystem sollen die Lichtstrahlen einer Lampe mittels eines Spiegels umgelenkt werden. Die Lampe steht im Punkt $P\left(2 \mid -4 \mid 3\right)$ und leuchtet in die Richtung des Vektors

$$\vec{v} = \begin{pmatrix} 1 \\ 2 \\ 1 \end{pmatrix}.$$

Der Spiegel wird durch die Ebene

$$E: \vec{x} = \begin{pmatrix} 5 \\ 3 \\ 4 \end{pmatrix} + \mu \begin{pmatrix} -1 \\ 1 \\ 0 \end{pmatrix} + \nu \begin{pmatrix} 0 \\ -1 \\ 2 \end{pmatrix}, \quad \text{mit } \mu, \nu \in \mathbb{R},$$

beschrieben. In welchem Punkt trifft der Lichtstrahl auf den Spiegel?

Aufgabe 168   **Lösung auf Seite 202**

Untersuche die Lagebeziehung der Ebene E und der Geraden g. Falls sie sich schneiden, gib den Schnittpunkt an.

a) $g: \vec{x} = \begin{pmatrix} 2 \\ -7 \\ 0 \end{pmatrix} + \lambda \begin{pmatrix} -5 \\ 7 \\ -1 \end{pmatrix}, \ \lambda \in \mathbb{R}, \quad E: 2x_1 - 2x_2 + 4x_3 + 10 = 0$

b) $g: \vec{x} = \begin{pmatrix} -2 \\ 3 \\ 1 \end{pmatrix} + \lambda \begin{pmatrix} 3 \\ 2 \\ 1 \end{pmatrix}, \ \lambda \in \mathbb{R}, \quad E: x_1 - 3x_2 + 3x_3 + 1 = 0$

2.8   Lagebeziehungen zweier Ebenen

Aufgabe   169   **Lösung auf Seite 203**

Zwei Papierblätter sollen entlang ihrer Schnittgerade zusammengeklebt werden. Die beiden Blätter werden durch die Ebenen

$$E:\quad 4x_1 + 2x_2 - x_3 - 2 = 0 \quad \text{und}$$
$$F: -2x_1 - x_2 + 4x_3 + 1 = 0$$

beschrieben. Entlang welcher Geraden muss geklebt werden?

Aufgabe   170   **Lösung auf Seite 204**

Seien $\lambda, \mu \in \mathbb{R}$. Bestimme die Lagebeziehung der Ebenen E und F. Gib gegebenenfalls die Schnittgerade an.

a) $E : 3x_1 - 4x_2 + x_3 - 2 = 0$, $F : 2x_1 - x_2 = 0$

b) $E : -2x_1 - 3x_2 + x_3 + 4 = 0$, $F : \vec{x} = \begin{pmatrix} 3 \\ 0 \\ 2 \end{pmatrix} + \lambda \begin{pmatrix} -1 \\ 1 \\ 1 \end{pmatrix} + \mu \begin{pmatrix} 1 \\ 2 \\ 0 \end{pmatrix}$

Aufgabe   171   **Lösung auf Seite 206**

Die Grundseite eines Würfels hat die Eckpunkte $A\,(-1\mid 1\mid 0)$, $B\,(3\mid 1\mid 0)$, $C\,(3\mid 5\mid 0)$ und $D\,(-1\mid 5\mid 0)$.

a) Bestimme das Volumen des Würfels.

b) Der Würfel soll entlang der Ebene

$$E : x_1 - x_2 + 2 = 0$$

in zwei Hälften geschnitten werden. Bestimme die Schnittgerade zwischen der Grundfläche $ABCD$ und der Ebene E.

c) Erfolgt der Schnitt entlang der Geraden $\overrightarrow{BD}$?

Aufgabe 172 **Lösung auf Seite 208**

Seien $\lambda, \mu \in \mathbb{R}$. Bestimme die Lagebeziehung der Ebenen E und F. Gib gegebenenfalls die Schnittgerade an.

a) $E: -2x_1 + x_2 + x_3 - 2 = 0, \qquad F: 2x_1 - x_2 - 4x_3 + 5 = 0$

b) $E: 4x_1 + 6x_2 + 14x_3 - 9 = 0, \quad F: \vec{x} = \begin{pmatrix} -6 \\ 0 \\ 0 \end{pmatrix} + \lambda \begin{pmatrix} 2 \\ 1 \\ -1 \end{pmatrix} + \mu \begin{pmatrix} 3 \\ -2 \\ 0 \end{pmatrix}$

Aufgabe 173 **Lösung auf Seite 210**

Die Grundseite einer vierseitigen, symmetrischen Pyramide hat die Eckpunkte $A(1 \mid 1 \mid -1)$, $B(3 \mid 1 \mid -1)$, $C(3 \mid 3 \mid -1)$ und $D(1 \mid 3 \mid -1)$. Die Spitze liegt im Punkt $S(2 \mid 2 \mid 3)$.

a) Bestimme das Volumen der Pyramide.

b) Auf halber Höhe der Pyramide soll eine zweite Ebene F eingezogen werden, die parallel zur Grundfläche liegt. Gib eine Koordinatenform dieser Ebene an.

c) Bestimme die Schnittgerade der Ebene F und der Seitenwand ABS.

Aufgabe 174 **Lösung auf Seite 213**

Seien $\lambda, \mu \in \mathbb{R}$. Bestimme die Lagebeziehung der Ebenen E und F. Gib gegebenenfalls die Schnittgerade an.

a) $E: -4x_1 + 2x_3 - 4 = 0, \qquad F: 2x_1 - x_2 + 6x_3 - 8 = 0$

b) $E: -2x_1 + 2x_2 - 4x_3 + 8 = 0, \quad F: \vec{x} = \begin{pmatrix} 1 \\ 1 \\ 2 \end{pmatrix} + \lambda \begin{pmatrix} 2 \\ 4 \\ 1 \end{pmatrix} + \mu \begin{pmatrix} 3 \\ 5 \\ 1 \end{pmatrix}$

2.9 Abstandsberechnung

Aufgabe 175   **Lösung auf Seite 216**

Zeige, dass die beiden Ebenen parallel sind und berechne den Abstand:

a) $E : 3x_1 + 2x_2 - x_3 = 0$ und $F : 6x_1 + 4x_2 - 2x_3 + 8 = 0$

b) $E : -5x_1 + x_2 - 3x_3 - 4 = 0$ und $F : \vec{x} = \begin{pmatrix} 0 \\ 1 \\ 0 \end{pmatrix} + \lambda \begin{pmatrix} 0 \\ 3 \\ 1 \end{pmatrix} + \mu \begin{pmatrix} 1 \\ 5 \\ 0 \end{pmatrix}$, $\lambda, \mu \in \mathbb{R}$.

Aufgabe 176   **Lösung auf Seite 218**

Seien $\lambda, \mu \in \mathbb{R}$. Zeige, dass die beiden Geraden parallel sind und berechne den Abstand:

a) $g : \vec{x} = \begin{pmatrix} 1 \\ 3 \\ 9 \end{pmatrix} + \lambda \begin{pmatrix} 3 \\ 1 \\ 0 \end{pmatrix}$ und $h : \vec{x} = \begin{pmatrix} 0 \\ 3 \\ -2 \end{pmatrix} + \mu \begin{pmatrix} -3 \\ -1 \\ 0 \end{pmatrix}$

b) $g : \vec{x} = \begin{pmatrix} 2 \\ 5 \\ 9 \end{pmatrix} + \lambda \begin{pmatrix} 12 \\ -4 \\ 8 \end{pmatrix}$ und $h : \vec{x} = \begin{pmatrix} -2 \\ 0 \\ 0 \end{pmatrix} + \mu \begin{pmatrix} 3 \\ -1 \\ 2 \end{pmatrix}$

Aufgabe 177   **Lösung auf Seite 220**

Seien $\lambda, r, s \in \mathbb{R}$. Zeige, dass die Gerade parallel zur Ebene liegt und berechne den Abstand:

a) $g : \vec{x} = \begin{pmatrix} 4 \\ 4 \\ 3 \end{pmatrix} + \lambda \begin{pmatrix} 1 \\ 0 \\ 1 \end{pmatrix}$ und $E : 4x_2 - 5 = 0$

b) $g : \vec{x} = \begin{pmatrix} 1 \\ 0 \\ 0 \end{pmatrix} + \lambda \begin{pmatrix} 3 \\ 4 \\ -1 \end{pmatrix}$ und $E : \vec{x} = \begin{pmatrix} -2 \\ 0 \\ 0 \end{pmatrix} + r \begin{pmatrix} 1 \\ -1 \\ 0 \end{pmatrix} + s \begin{pmatrix} 7 \\ 0 \\ -1 \end{pmatrix}$

Aufgabe 178   **Lösung auf Seite 223**

Die Ecken einer rechteckigen Bauplatte befinden sich in den Punkten $A\,(2\mid -1\mid 3)$, $B\,(5\mid 3\mid 3)$, $C\,(1\mid 8\mid 3)$ und $D\,(-2\mid 4\mid 3)$. Im Mittelpunkt soll ein Seil senkrecht zur Platte verankert werden, sodass ein Kran diese abtransportieren kann.

a) Gib die Koordinaten des Mittelpunktes der Platte an.

b) Das Seil ist 3m lang. An welchem Punkt ist das obere Ende des Seils am Kran befestigt?

c) Wegen Platzmangels kann das Ende des Kranarmes nur am Punkt $K\,(1{,}5\mid 4{,}5\mid 5)$ positioniert werden. Ermittle die nun benötigte Seillänge mithilfe der Hesseschen Normalenform.

Eine Längeneinheit entspricht einem Meter.

Aufgabe 179   **Lösung auf Seite 225**

Ein Schiff hält seinen Kurs entlang der Geraden

$$g : \vec{x} = \lambda \begin{pmatrix} -3 \\ 2 \\ 3 \end{pmatrix}, \quad \lambda \in \mathbb{R}.$$

In der Ferne ist ein Eisberg im Punkt $E\,(5\mid 0\mid -1)$ in Sicht. Um wie viele Meter verfehlt das Schiff den Eisberg? Eine Längeneinheit einspricht hier einem Meter.

Aufgabe 180   **Lösung auf Seite 226**

Anna läuft in einer Lasertag-Arena umher. Diese befindet sich in einer schiefen Ebene, auf der drei Hindernisse zum Verstecken positioniert sind. Die Hindernisse stehen in den Punkten $H\,(1\mid 3\mid -2)$, $K\,(5\mid -1\mid 8)$ und $L\,(-1\mid 0\mid 3)$.
Ein Ziel, bei dem es besonders viele Bonuspunkte gibt, hängt an der Wand im Punkt $Z\,(-10\mid 0\mid 8)$.

a) Gib eine Koordinatenform der Ebene an, in der Anna umherläuft.

b) Anna kann Ziele nur treffen, wenn diese weniger als 5m entfernt sind. Gibt es einen Punkt auf der Ebene, von dem sie das begehrte Ziel treffen kann?

Eine Längeneinheit entspricht einem Meter.

Aufgabe 181 **Lösung auf Seite 228**

Am Flughafen München soll eine neue Startbahn gebaut werden. Diese wird aber nur zugelassen, wenn sich die Flugbahn der abhebenden Flugzeuge mindestens 100m von der naheliegenden Kirchturmspitze entfernt befindet. Die Kirchturmspitze kann durch den Punkt $K\,(3\mid 7\mid 8)$ und die Flugbahn durch die Gerade

$$g : \vec{x} = \begin{pmatrix} 1 \\ 3 \\ 9 \end{pmatrix} + \lambda \begin{pmatrix} 3 \\ 1 \\ 0 \end{pmatrix}, \quad \lambda \in \mathbb{R},$$

beschrieben werden. Entscheide, ob die Startbahn zugelassen wird. Eine Längeneinheit entspricht hier 10 Meter.

Aufgabe 182 **Lösung auf Seite 229**

Cleo kauft sich ein neues Aquarium. Dieses hat eine quadratische Grundfläche und ist symmetrisch aufgebaut. Die Seitenwände sind alle im gleichen Winkel nach außen geneigt. Außerdem ist es 4 LE hoch, an der oberen Kante 6 LE und an der unteren 4 LE lang. Der Mittelpunkt der Wasseroberfläche befindet sich im Punkt $M\,(2\mid 1\mid 4)$. Nimm an, dass das Aquarium bis zum Rand mit Wasser gefüllt ist.

a) Gib alle Eckpunkte des Aquariums $SQUIRTLE$ an.

b) Cleo möchte eine Futterkugel an einer Kette aufhängen. Die Kette ist am Punkt M verankert und soll so lang sein, dass die Kugel mindestens 2,67 LE von allen Seitenwänden entfernt ist. Gib die Koordinaten der Futterkugel an. Nimm dazu an, dass die Kette senkrecht herab hängt.

Aufgabe 183 **Lösung auf Seite 231**

Eine Autobahn soll entlang der Geraden

$$g : \vec{x} = \begin{pmatrix} -2 \\ k \\ 0 \end{pmatrix} + \lambda \begin{pmatrix} 0 \\ -1 \\ 1 \end{pmatrix}, \quad \lambda \in \mathbb{R},$$

gebaut werden. Aus Lärmschutzgründen muss der Abstand zum nächstgelegenen Wohnhaus im Punkt $W\,(0\mid 3\mid 3)$ mindestens 50m betragen.
Welche Werte darf k annehmen? Beachte dabei nur positive Werte.
Eine Längeneinheit entspricht hier 10m.

2.10 Schnittwinkel

Aufgabe 184   **Lösung auf Seite 233**

Der Pfosten eines ramponierten Basketballkorbs wird durch die Gerade

$$g : \vec{x} = \begin{pmatrix} 1 \\ 3 \\ 0 \end{pmatrix} + \lambda \begin{pmatrix} 0 \\ 1 \\ 5 \end{pmatrix}, \quad \lambda \in \mathbb{R},$$

beschrieben. Der Boden des Platzes entspricht der $x_1 x_2$-Ebene.

a) In welchem Winkel ist der Pfosten gegen den Boden geneigt?

b) Zum Aufwärmen wirft ein Spieler den Ball entlang der Geraden

$$h : \vec{x} = \begin{pmatrix} 4 \\ 2 \\ 5 \end{pmatrix} + \mu \begin{pmatrix} -1{,}5 \\ 1 \\ 0 \end{pmatrix}, \quad \mu \in \mathbb{R}.$$

Trifft er den Pfosten? Wenn ja, in welchem Winkel?

c) Eine Werbebande kann durch die Ebene

$$E : x_1 - x_2 + 2x_3 - 2 = 0$$

beschrieben werden. In welchem Winkel ist diese gegen den Boden verkippt?

81

Aufgabe 185   **Lösung auf Seite 235**

Die Grundseite einer antiken vierseitigen, symmetrischen Pyramide hat die Eckpunkte $A\,(1 \mid 1 \mid -1)$, $B\,(3 \mid 1 \mid -1)$, $C\,(3 \mid 3 \mid -1)$ und $D\,(1 \mid 3 \mid -1)$. Die Spitze liegt im Punkt $S\,(2 \mid 2 \mid 3)$.

a) Bestimme den Winkel, den die Seitenwände mit der Grundfläche einschließen.

b) Ein Geheimgang kann durch die Gerade g beschrieben werden:

$$g : \; \vec{x} = \begin{pmatrix} 2 \\ 2 \\ -1 \end{pmatrix} + \lambda \begin{pmatrix} 1 \\ 0 \\ 2 \end{pmatrix}, \quad \lambda \in \mathbb{R},$$

In welchem Winkel trifft der Geheimgang auf die Grundfläche der Pyramide?

c) Ein zweiter Schacht verläuft senkrecht zur Grundfläche durch den Punkt $M\,(2 \mid 2 \mid -1)$. Trifft er auf den Geheimgang? Wenn ja, in welchem Winkel?

Aufgabe 186   **Lösung auf Seite 238**

Ein autonomer Tauchroboter untersucht das versunkene Wrack einer spanischen Galeere. Der Meeresboden wird durch die x_1x_2-Ebene beschrieben. Der Roboter wird im Punkt $P\,(3 \mid -2 \mid 4)$ zu Wasser gelassen und taucht dann in Richtung des Vektors

$$\vec{v} = \begin{pmatrix} -1 \\ 2 \\ -1 \end{pmatrix}.$$

a) Das Deck der Galeere kann durch die Ebene E beschrieben werden:

$$E : 2x_1 - 3x_2 + 2x_3 + 7 = 0$$

In welchem Winkel ist das Deck gegen den Meeresboden verkippt?

b) Der Mast der Galeere steht senkrecht auf das Deck und ist im Punkt $A\,(0 \mid 3 \mid 1)$ verankert. Trifft der Roboter auf den Mast? Wenn ja, in welchem Winkel?

c) Die Wasseroberfläche wird durch die Ebene

$$F : x_3 - 4 = 0$$

beschrieben. In welchem Winkel taucht der Roboter ab?

2.11 Spiegel- & Schattenpunkte

Aufgabe 187   **Lösung auf Seite 241**

Spiegle jeweils den Punkt A am Punkt B:

a) $A\left(0\mid 3\mid -1\right)$ und $B\left(2\mid 2\mid 4\right)$

b) $A\left(6\mid -7\mid 1\right)$ und $B\left(8\mid 1\mid -4\right)$

c) $A\left(1\mid 16\mid -3\right)$ und $B\left(-5\mid 12\mid -6\right)$

Aufgabe 188   **Lösung auf Seite 242**

Spiegle jeweils den Punkt A an der Ebene E:

a) $A\left(1\mid -2\mid 4\right)$ und $E: 2x_1 - 2x_2 + x_3 - 1 = 0$

b) $A\left(-1\mid 0\mid 3\right)$ und $E: -3x_1 + 5x_2 - x_3 - 105 = 0$

c) $A\left(4\mid 6\mid -5\right)$ und $E: 4x_1 - x_2 - x_3 + 21 = 0$

Aufgabe 189   **Lösung auf Seite 245**

Spiegle jeweils den Punkt A an der Geraden g:

a) $A\left(-2\mid 0\mid 1\right)$ und $g: \vec{x} = \begin{pmatrix} 12 \\ 2 \\ 2 \end{pmatrix} + \lambda \begin{pmatrix} 3 \\ 4 \\ 0 \end{pmatrix}, \quad \lambda \in \mathbb{R}.$

b) $A\left(-1\mid 3\mid -1\right)$ und $g: \vec{x} = \begin{pmatrix} 4 \\ -1 \\ -1 \end{pmatrix} + \lambda \begin{pmatrix} -2 \\ 2 \\ 1 \end{pmatrix}, \quad \lambda \in \mathbb{R}.$

c) $A\left(4\mid 3\mid -5\right)$ und $g: \vec{x} = \begin{pmatrix} 7 \\ 1 \\ 4 \end{pmatrix} + \lambda \begin{pmatrix} 3 \\ -4 \\ 1 \end{pmatrix}, \quad \lambda \in \mathbb{R}.$

Aufgabe 190   **Lösung auf Seite 248**

Ein Museum moderner Kunst erstreckt sich über mehrere Etagen. Es wird eine neue Installation ausgestellt. Diese soll besonders in Szene gesetzt werden, indem man das Kunstwerk nicht nur aus der gleichen Etage, sondern auch von einem höheren Stockwerk aus bewundern kann. Im Atrium des Museums befindet sich nämlich ein schräges Glasdach, das durch die Ebene

$$E : -4x_1 - 2x_2 + x_3 - 3 = 0$$

beschrieben werden kann. Befindet man sich im Punkt $P\,(1 \mid 1 \mid 2)$ im oberen Stockwerk, so soll die Installation auf der gegenüberliegenden Seite des Daches liegen. Das Glasdach soll genau mittig zwischen der Installation und dem Punkt P sein.

a) An welchem Punkt muss die Installation aufgestellt werden?

b) In welchem Winkel schneidet die Ebene des Glasdaches den Boden, also die $x_1 x_2$-Ebene?

Aufgabe 191   **Lösung auf Seite 250**

Mona designed ein 3D-Mandala. Dieses soll die Symmetrie-Achse g besitzen.

$$g : \vec{x} = \begin{pmatrix} 6 \\ -1 \\ 4 \end{pmatrix} + \lambda \begin{pmatrix} 2 \\ 0 \\ 1 \end{pmatrix}, \quad \lambda \in \mathbb{R},$$

Vor der Fertigstellung muss noch die Kugel K an der Symmetrieachse gespiegelt werden.

$$K : (x_1 - 3)^2 + (x_2 + 2)^2 + x_3^2 = 4$$

Hilf Mona und spiegle den Mittelpunkt der Kugel.

Aufgabe 192   **Lösung auf Seite 251**

Gegeben sind die Punkte $A\,(-1 \mid 0 \mid -5)$, $B\,(-1 \mid 0 \mid 1)$, $C\,(2 \mid 1 \mid 0)$, $E\,(-2 \mid 3 \mid 0)$ und $F\,(1 \mid 4 \mid 5)$.

a) Zeichne die Punkte, sowie die Strecken $\overline{BC}$, $\overline{BE}$, $\overline{BF}$, $\overline{BA}$, $\overline{AC}$, $\overline{AE}$, $\overline{CF}$ und $\overline{FE}$ in ein Koordinatensystem ein.

b) Die Figur bildet einen halben Diamanten. Konstruiere den fehlenden Punkt D, der diesen vervollständigt, indem du B an der Strecke $\overline{AF}$ spiegelst.

Aufgabe 193 **Lösung auf Seite 253**

Ein Archäologe untersucht eine ägyptische Pyramide. Es handelt sich um eine gerade Pyramide und die Eckpunkte der Grundfläche befinden sich in den Punkten

$$C\left(-1 \mid 0 \mid 1\right),\ H\left(1 \mid 2 \mid 1\right),\ E\left(-1 \mid 4 \mid 1\right)\ \text{und}\ O\left(-3 \mid 2 \mid 1\right).$$

a) Zeige, dass die Grundfläche quadratisch ist.

b) Die Pyramide ist 10m hoch. Wo befindet sich die Spitze P?

c) Um die Pyramide rankt sich eine Legende. Damit sich eine geheime Kammer öffnet muss das Sonnenlicht durch die einzige Luke im Punkt $S\left(-1 \mid 3 \mid 6\right)$ fallen und genau auf den Mittelpunkt des Bodens der Pyramide treffen. Durch welchen Vektor kann das einfallende Sonnenlicht beschrieben werden?

d) Dort im Mittelpunkt liegt ein Spiegel am Boden. Dieser reflektiert den Lichtstrahl. In welchem Punkt trifft der Lichtstrahl auf die gegenüberliegende Wand, die durch die Ebene beschrieben wird, in der die Punkte C, P und O liegen?

e) Bevor der Archäologe die Pyramide betritt möchte er den möglichen Sauerstoffgehalt im Inneren der Pyramide schätzen. Dazu benötigt er das Volumen der Pyramide. Wie groß ist dieses?

Eine Längeneinheit entspricht 1 Meter.

Aufgabe 194 **Lösung auf Seite 257**

Anlässlich des großen Stadtfestes wird eine Girlande an drei Pfosten symmetrisch aufgehängt. Die Girlande wird am linken Pfosten im Punkt $P\left(1 \mid 0 \mid 5\right)$ befestigt. Der Mittlere kann durch die folgende Gerade beschrieben werden.:

$$g : \vec{x} = \begin{pmatrix} -2 \\ 9 \\ -4 \end{pmatrix} + \lambda \begin{pmatrix} 1 \\ -1 \\ 10 \end{pmatrix}, \quad \lambda \in \mathbb{R},$$

a) An welchem Punkt muss die Girlande am rechten Pfosten befestigt werden?

b) Wie lang muss die Girlande mindestens sein?

Eine Längeneinheit entspricht einem Meter in der Realität.

Aufgabe 195   **Lösung auf Seite 259**

Kathi befindet sich in einem verrückten Spiegellabyrinth und sucht den Ausgang. Endlich entdeckt sie ihn im Punkt $A\,(3\mid -2\mid 4)$, währenddessen steht sie im Punkt $K\,(2\mid 2\mid 0)$. Allerdings steht sie vor einer Spiegelwand, die sie nicht erkennt, und welche durch die folgende Ebene beschrieben werden kann:

$$E : x_1 + 2x_2 - x_3 - 1 = 0$$

a) An welchem Punkt befindet sich der Ausgang eigentlich?

b) Sie schaut direkt auf den Ausgang im Spiegel. In welchem Winkel blickt sie zur Spiegelwand?

———————————————— **Tipp:** ————————————————

Fertige zunächst eine Skizze des Sachverhalts an.

2.12 Kugelaufgaben

Aufgabe 196   **Lösung auf Seite 261**

Gegeben sind die Kugel

$$K : (x_1 - 2)^2 + (x_2 + 1)^2 + x_3^2 = 4$$

und die Gerade

$$g : \vec{x} = \begin{pmatrix} 2 \\ 2 \\ -3 \end{pmatrix} + \lambda \begin{pmatrix} 2 \\ 1 \\ -1 \end{pmatrix}, \quad \lambda \in \mathbb{R}.$$

a) Bestimme den Mittelpunkt M, sowie den Radius r der Kugel.

b) Liegt der Punkt $P(1 \mid 0 \mid -1)$ auf der Kugel?

c) Prüfe, ob die Gerade g die Kugel schneidet.

d) Eine zweite Gerade h berührt die Kugel im Punkt $A(0 \mid -1 \mid 0)$. Gib eine mögliche Gleichung der Geraden h an.

Aufgabe 197   **Lösung auf Seite 262**

Gegeben sind die Kugel

$$K_1 : (x_1 + 4)^2 + (x_2 + 2)^2 + (x_3 - 1)^2 = 9$$

sowie eine zweite Kugel K_2 mit Radius $r_2 = 5$ und Mittelpunkt $M_2(-1 \mid 2 \mid 1)$.

a) Bestimme die Kugelgleichung der Kugel K_2.

b) Entscheide, ob sich die beiden Kugeln schneiden.

c) Entscheide, ob die Kugel K_1 die $x_1 x_2$-Ebene berührt.

Aufgabe 198   **Lösung auf Seite 264**

Der Asteroid Apophis bewegt sich auf einer Flugbahn, die durch die Gerade

$$g : \vec{x} = \begin{pmatrix} -1 \\ 1 \\ 8 \end{pmatrix} + \lambda \begin{pmatrix} -1 \\ 2 \\ 2 \end{pmatrix}, \quad \lambda \in \mathbb{R},$$

beschrieben wird. Die Erde wird durch eine Kugel mit Radius $r = 1$ und Mittelpunkt $M\,(1 \mid -3 \mid 4)$ beschrieben.

a) Entscheide, ob der Asteroid die Erde trifft. Wenn ja, in welchem Punkt?

b) Gib eine mögliche Flugbahn an, bei der der Asteroid die Erde lediglich im Punkt $P\,(1 \mid -2 \mid 4)$ berührt.

Aufgabe 199   **Lösung auf Seite 266**

Gegeben sind die Kugel K, sowie die Ebene E:

$$K : \ (x_1 - 5)^2 + x_2^2 + (x_3 + 2)^2 = 16$$
$$E : \ 2x_1 - 2x_2 + x_3 + 3 = 0$$

a) Gib den Radius r, sowie den Mittelpunkt M der Kugel an.

b) Gegeben ist der Punkt $P\,(4 \mid -2 \mid p)$. Welche Werte kann der Parameter p annehmen, sodass der Punkt P auf der Kugel liegt?

c) Prüfe, ob die Kugel K die Ebene E schneidet.

Aufgabe 200   **Lösung auf Seite 267**

Eine Kugel soll einen Hang hinab gerollt werden. Der Hang wird durch die Ebene

$$E : x_1 + 2x_2 + 2x_3 - 2 = 0$$

beschrieben. Zu Beginn ruht die Kugel auf der Ebene, ihr Mittelpunkt befindet sich im Punkt $M\,(-1 \mid 3 \mid 3)$.

a) Was ist der Durchmesser der Kugel?

b) Gegeben ist der Punkt $P\,(0 \mid 3 \mid k)$. Wie muss der Parameter k gewählt werden, sodass der Punkt P auf der Kugel liegt?

Aufgabe 201 **Lösung auf Seite 268**

Gegeben sind die Kugel

$$K_1 : (x_1 + 2)^2 + (x_2 - 2)^2 + (x_3 + 1)^2 = 4$$

und die Gerade

$$g : \ \vec{x} = \begin{pmatrix} 1 \\ -1 \\ 1 \end{pmatrix} + \lambda \begin{pmatrix} 1 \\ -2 \\ 1 \end{pmatrix} , \quad \lambda \in \mathbb{R}.$$

a) Stelle eine mögliche Gleichung der Kugel K_2 auf, die die Punkte $A\,(1 \mid 0 \mid 1)$ und $B\,(3 \mid 2 \mid 1)$ enthält.

b) Wie liegen die beiden Kugeln K_1 und K_2 zueinander?

c) In welchen Punkten schneidet die Gerade g die Kugel K_1?

2.13 Matrizen

Aufgabe 202   **Lösung auf Seite 270**

Gegeben sind die beiden Matrizen A und B:

$$A = \begin{pmatrix} 1 & 4 & 0 \\ -2 & 3 & 5 \\ 0 & 2 & 1 \end{pmatrix} \qquad B = \begin{pmatrix} 3 & 2 & -3 \\ 6 & -4 & 1 \\ 2 & 0 & 5 \end{pmatrix}$$

Bestimme folgende Audrücke:

a) $2 \cdot A + 3 \cdot B$ c) $B \cdot A$

b) $A \cdot B$ d) $A \cdot B - B \cdot A$

Aufgabe 203   **Lösung auf Seite 271**

Zeige, dass die beiden Matrizen A und B invers zueinander sind:

$$A = \begin{pmatrix} 1 & -3 \\ 1 & -4 \end{pmatrix} \qquad B = \begin{pmatrix} 4 & -3 \\ 1 & -1 \end{pmatrix}$$

Aufgabe 204   **Lösung auf Seite 271**

Bestimme mit Hilfe des Gauß-Algorithmus die Inversen der Matrizen A und B:

$$A = \begin{pmatrix} 1 & -1 & 0 \\ 0 & 1 & 2 \\ 2 & -1 & 3 \end{pmatrix} \qquad B = \begin{pmatrix} 1 & 4 & -2 \\ 2 & 2 & -1 \\ -1 & -2 & 2 \end{pmatrix}$$

Aufgabe 205   **Lösung auf Seite 273**

a) Für eine lineare Abbildung β von $\mathbb{R}^n$ nach $\mathbb{R}^n$ gilt stets

$$\beta(\vec{x} + \vec{y}) = \beta(\vec{x}) + \beta(\vec{y}) \quad \text{und} \quad \beta(\lambda \cdot \vec{x}) = \lambda \cdot \beta(\vec{x}).$$

Beweise, dass eine lineare Abbildung den Nullvektor immer auf sich selbst abbilden muss.

b) C sei eine invertierbare Matrix und es gelte $C^2 = C$. Beweise, dass es sich bei C um die Einheitsmatrix handeln muss.

Aufgabe 206   **Lösung auf Seite 274**

Die Punkte $A(1 \mid 1)$, $B(4 \mid 0)$ und $C(1 \mid -1)$ werden durch die affine Abbildung α auf die Bildpunkte $A'(3 \mid 2)$, $B'(-2 \mid 1)$ und $C'(1 \mid -1)$ abgebildet.

a) Bestimme die Form der affinen Abbildung.

b) Bestimme das Bild der folgenden Geraden unter der Abbildung α:

$$g : \vec{x} = \begin{pmatrix} -1 \\ 1 \end{pmatrix} + \lambda \begin{pmatrix} 2 \\ 0 \end{pmatrix}, \quad \lambda \in \mathbb{R}.$$

Aufgabe 207   **Lösung auf Seite 276**

Der Vektor $\vec{v}$ soll zuerst um $45°$ um die x-Achse gedreht, dann um den Faktor 2 gestreckt und anschließend um $60°$ um die z-Achse gedreht werden.

a) Bestimme die Matrix M, welche die obige Abbildung beschreibt.

b) Bestimme das Bild des Vektors $\vec{v} = \begin{pmatrix} 4 \\ -2 \\ 1 \end{pmatrix}$ unter der Abbildung M.

Aufgabe 208   **Lösung auf Seite 277**

Gegeben sind die beiden Abbildungsmatrizen A und B, sowie die Drehmatrix S_z

$$A = \begin{pmatrix} 3 & -1 & 4 \\ 2 & 0 & 4 \\ -4 & 2 & -2 \end{pmatrix} \quad B = \begin{pmatrix} 1 & 0 & -1 \\ -2 & 5 & 2 \\ -1 & -5 & 6 \end{pmatrix} \quad S_z = \begin{pmatrix} \cos(\alpha) & -\sin(\alpha) & 0 \\ \sin(\alpha) & \cos(\alpha) & 0 \\ 0 & 0 & 1 \end{pmatrix}$$

a) Bestimme jeweils die Menge aller Fixpunkte der beiden Abbildungen A und B.

b) Bestimme ohne explizite Rechnung die Menge aller Fixpunkte der Drehmatrix.

Aufgabe 209 **Lösung auf Seite 279**

Bei einem japanischen Schattenspiel wird eine Leinwand aufgestellt, die durch die Ebene

$$E : x_1 - 2x_2 + x_3 - 4 = 0$$

beschrieben werden kann. Die Strahlen der Lichtquelle verlaufen entlang des Vektors

$$\vec{v} = \begin{pmatrix} 1 \\ 1 \\ 2 \end{pmatrix}.$$

Bestimme die Matrix, mit welcher die Projektion einer Schattenfigur auf die Leinwand beschrieben werden kann.

Aufgabe 210 **Lösung auf Seite 280**

Frösche haben drei Entwicklungsstufen. Das Ei, die Phase als Kaulquappe und anschließend das Leben als ausgewachsener Frosch. Nimm an, dass ein Entwicklungszyklus genau ein Jahr dauert.

Zudem ist bekannt, dass jeder Frosch im Schnitt 100 Eier legt, von denen aber lediglich 25% zu Kaulquappen werden. Von diesen Kaulquappen wiederum überleben lediglich 5% das Larvenstadium und werden zu ausgewachsenen Fröschen. Zudem sterben pro Jahr etwa ein Fünftel der ausgewachsenen Frösche.

a) Stelle die Übergangsmatrix für eine Froschpopulation auf.

b) Wenn in einem Gebiet zu Beginn lediglich 100 Frösche leben, wie sieht die Population nach zwei Jahren aus?

c) Kann die Population langfristig überleben?

2.14 Umfangreiche Aufgaben

Aufgabe 211   **Lösung auf Seite 282**

Tom und Jana spielen Squash. Die Frontwand des Spielfelds ist in der unten stehenden Skizze schematisch abgebildet. Beim Aufschlag muss der Ball stets oberhalb der waagrechten roten Linie an die Wand gespielt werden.
Die Ecken der Frontwand sind durch die folgenden Punkte gegeben:

$$O\,(0\,|\,0\,|\,0),\ A\,(0\,|\,4\,|\,0),\ B\,(0\,|\,4\,|\,4)\ \text{und}\ C\,(0\,|\,0\,|\,4)$$

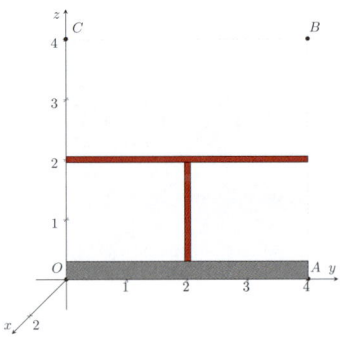

a) Bestimme die Koordinatenform der Ebene, mit der die Frontwand beschrieben werden kann.

b) Beim Aufschlag hält Tom den Ball im Punkt $G\,(3\,|\,3\,|\,2)$ und schlägt den Ball in Richtung des Vektors

$$\vec{v} = \begin{pmatrix} -2 \\ -1 \\ 1 \end{pmatrix}.$$

In welchem Punkt trifft der Ball auf die Wand?

c) In welchem Winkel trifft der Ball auf die Wand?

d) Die rote Aufschlagmarkierung kann durch die Gerade

$$g : \vec{x} = \begin{pmatrix} 0 \\ 0 \\ 2 \end{pmatrix} + \lambda \begin{pmatrix} 0 \\ 1 \\ 0 \end{pmatrix}, \quad \lambda \in \mathbb{R},$$

beschrieben werden. Entscheide ob Toms Aufschlag gültig war.

e) Sophie behauptet der Aufschlag hätte kaum knapper sein können. In welchem Abstand zu Markierung traf der Ball auf die Wand?

f) Der Ball prallt von der Wand ab. Entlang welcher Geraden bewegt er sich anschließend?

Aufgabe 212   **Lösung auf Seite 286**

Im Hochseilgarten „Klettermaxe" steht ein senkrechter Kletterturm. Die Spitze des Turms liegt im Punkt $S\,(3\mid 2\mid 5)$ Der Boden wird durch die x_1x_2-Ebene repräsentiert. Eine Längeneinheit entspricht einem Meter in der Realität.

a) In welchem Punkt ist der Turm am Boden verankert?

b) Die Strahlen der Sonne verlaufen entlang des Vektors

$$\vec{v} = \begin{pmatrix} 1 \\ -1 \\ -1 \end{pmatrix}.$$

Durch welche Gerade kann der Schatten, den der Turm auf den Boden wirft beschrieben werden?

c) Die Ebene

$$E : \vec{x} = \begin{pmatrix} 2 \\ 1 \\ -3 \end{pmatrix} + \lambda \begin{pmatrix} 0 \\ -1 \\ 0 \end{pmatrix} + \nu \begin{pmatrix} 3 \\ 1 \\ 3 \end{pmatrix}, \quad \lambda, \nu \in \mathbb{R},$$

beschreibt eine geneigte Kletterwand. Bestimme die Geradengleichung der Bodenkante der Kletterwand.

d) Die Baubehörde schreibt vor, dass Sportanlagen auf dem Boden einen Mindestabstand von drei Metern haben müssen. Ist das für den Turm und die Wand der Fall?

e) In welchem Winkel ist die Wand gegen den Boden geneigt?

f) Spiegle den Punkt S an der Ebene E.

Gegeben sind die Punkte

$$A\,(4\mid 0\mid -4),\, B\,(-1\mid 3\mid 1),\, C\,(-4\mid 0\mid 4) \quad \text{und} \quad D\,(1\mid -3\mid -1)\,.$$

a) Zeige, dass die Punkte auf einer Ebene liegen.

b) Zeige, dass das Viereck $ABCD$ ein echtes Parallelogramm (also kein Rechteck) ist.

c) Das Parallelogramm soll zu einer Pyramide vervollständigt werden. Konstruiere die Spitze S, die über dem Mittelpunkt von $ABCD$ stehen und sich $\sqrt{18}$ LE von der Ebene entfernt befinden soll.

d) Spiegle S an der Grundfläche der Pyramide.

e) Zeichne den konstruierten Körper $S'ABCDS$ in ein Koordinatensystem ein.

f) Berechne die Höhe der Seite ABS.

g) Ermittle auf zwei verschiedenen Wegen den Flächeninhalt der Seite ABS.

Ein landwirtschaftlicher Betrieb besitzt eine Anlage zur Herstellung von Biogas. Diese setzt sich zusammen aus einem Silo zur Aufbewahrung der Bio-Abfälle und einem kuppelförmigen Tank, in dem mittels Bakterienkulturen das Gas produziert wird. Das zylinderförmige Silo ist sechs Meter hoch und sein Grundriss am Boden kann durch die zweidimensionale Kugelgleichung

$$(x_1 - 3)^2 + (x_2 - 3)^2 = 1$$

beschrieben werden. Auf dem Dach des Silos befindet sich eine senkrechte und einen Meter hohe Antenne. Der Tank entspricht dem Teil der Kugel K, der oberhalb der x_1x_2-Ebene liegt. Die zugehörige Kugelgleichung lautet:

$$K : (x_1 - 1)^2 + (x_2 + 1)^2 + (x_3 + 1)^2 = 10$$

Der Boden wird durch die x_1x_2-Ebene beschrieben und eine Längeneinheit entspricht 2 Metern in der Realität.

a) Wurde beim Bau der für die beiden Gebäude gesetzlich vorgeschriebene Mindestabstand von 2m eingehalten?

Ein Teil des Schrägdaches des nahestehenden Bauernhauses wird von den vier Punkten $A\,(-4\mid 4\mid 1)$, $B\,(-6\mid 6\mid 1)$, $C\,(-9\mid 3\mid 5)$ und $D\,(-7\mid 1\mid 5)$ begrenzt und ist vollkommen mit Solarpanelen bedeckt. Diese arbeiten umso besser, je größer der Einfallswinkel des Lichts ist. Ein senkrechter Einfall ist also am effizientesten.

b) Beweise, dass es sich bei der Figur $ABCD$ um ein Rechteck handelt und berechne dessen Flächeninhalt.

Im Verlauf eines Vormittags, kann der Einfall des Sonnenlichts durch den Vektor $\vec{v}$ beschrieben werden:

$$\vec{v} = \begin{pmatrix} -6 + 0{,}5t \\ 4 - 0{,}5t \\ -2 \end{pmatrix} \quad \text{und} \quad t \in [8;12]$$

Hierbei beschreibt der Parameter t die Uhrzeit in Stunden.

c) Bestimme den Schattenpunkt, den die Spitze der Antenne zur Mittagsstunde auf den kugelförmigen Tank wirft.

Aufgabe   215   **Lösung auf Seite 298**

Ein Ölkonzern bohrt eine bisher unbekannte Lagerstätte an. Diese wird approximativ durch den Raum zwischen den zwei parallelen Ebenen E und F beschrieben und ist 10 Meter breit. Der Bohrturm wird im Punkt $B\,(1 \mid 1 \mid 0)$ aufgestellt. Der Boden wird durch die x_1x_2-Ebene beschrieben und eine Längeneinheit entspricht 100m.

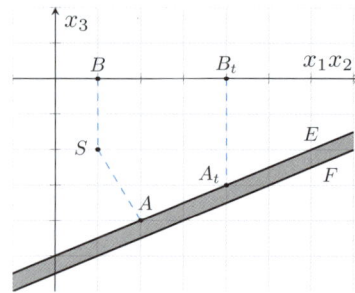

Die Ebenengleichung der Ebene E lautet:

$$E : 2x_1 + 2x_2 - 8x_3 - 56 = 0$$

Zuerst wird für 200m senkrecht nach unten gebohrt, bis der Punkt S erreicht wird. Anschließend soll der Bohrkopf so gedreht werden, dass der nächste Abschnitt des

Schachts im Punkt A senkrecht auf die Oberfläche der Lagerstätte trifft. Diese wird durch die Ebene E beschrieben.

a) Um wie viel Grad muss der Bohrkopf gedreht werden?

b) Bestimme die Länge des gesamten Bohrschachts.

c) Bestimme eine Koordinatenform der Ebene F.

Um optimale Druckverhältnisse zu garantieren, soll ein zweiter, senkrecht nach unten verlaufender Schacht gebohrt werden. Aufgrund baulicher Gegebenheiten kann dieser nur in Punkten der Form $B_t\,(2t \mid -t \mid 0)$ beginnen.

d) Welche Punkte sind ausgeschlossen, wenn der Schacht nicht länger als ein Kilometer sein darf?

e) Kann der Bohrpunkt so gewählt werden, dass der Abstand der beiden Punkte, in denen die Schächte auf die Lagerstätte treffen, genau 500m beträgt?

3 Stochastik

3.1 Grundbegriffe der Wahrscheinlichkeit

Aufgabe 216   **Lösung auf Seite 303**

Entscheide bei den folgenden Aussagen, ob sie wahr oder falsch sind. Verbessere alle falschen Aussagen.

a) Beim einmaligen Werfen eines sechsseitigen Würfels ist die Stichprobenmenge Ω durch folgenden Audruck gegeben:

$$\Omega = \{1, 2, 3, 4, 5\}$$

b) Für die Vereinigung zweier Ereignisse A und B gilt stets:

$$P(A \cup B) = P(A) - P(B) + P(A \cap B)$$

c) Für ein Ereignis E und sein Gegenereignis $\overline{E}$ gilt stets:

$$P(\overline{E}) = 1 - P(E)$$

d) Beim zweimaligen Werfen einer Münze, die entweder Kopf (K) oder Zahl (Z) zeigt sind $\{(K, Z)\}$ und $\{(K, K, Z)\}$ zwei mögliche Ereignisse.

e) Für zwei Ereignisse A und B gilt stets:

$$P(A \cap B) \geq P(A) + P(B)$$

Aufgabe 217   **Lösung auf Seite 304**

Gegeben sind zwei Ereignisse A und B mit den Wahrscheinlichkeiten

$$P(A) = 0{,}6 \quad P(B) = 0{,}3 \quad \text{und} \quad P_B(A) = 0{,}1.$$

a) Bestimme die Wahrscheinlichkeit $P(A \cap B)$.

b) Bestimme die Wahrscheinlichkeit $P(\overline{B})$.

c) Bestimme die Wahrscheinlichkeit $P(A \cup B)$.

Aufgabe 218   **Lösung auf Seite 304**

Meteorologen haben beobachtet, dass es an durchschnittlich 142 Tagen im Jahr regnet und an 136 die Sonne scheint. An allen anderen Tagen gab es andere Wetterlagen wie beispielsweise Schnee oder Hagel. Einen Regenbogen sieht man an fünf Tagen im Jahr. Gegeben sind die drei Ereignisse

R: „Es regnet",

S: „Es scheint die Sonne"und

E: „Man sieht einen Regenbogen"

a) Stelle die beiden Ereignisse R und S, sowie das Ereignis E in einem Mengendiagramm graphisch dar.

b) Stelle das Ereignis $\overline{R} \cup S$ in einem zweiten Mengendiagramm dar.

c) Bestimme die Wahrscheinlichkeit $P(\overline{R} \cup S)$. Benutze dazu die Summenformel.

3.2 Laplace-Experimente

Aufgabe 219 **Lösung auf Seite 306**

Bei einem Laplace-Experiment wird mit zwei perfekten, sechsseitigen Würfeln gewürfelt. Bestimme die Wahrscheinlichkeit, dass...

a) beide Würfel eine Sechs zeigen.

b) beide Würfel eine Primzahl zeigen.

c) einer der Würfel eine Drei und der Andere eine Vier zeigt.

d) das Produkt der Augenzahlen vier ergibt.

Aufgabe 220 **Lösung auf Seite 307**

Eine angehende Psychologin untersucht in einem Kindergarten, wie wichtig Kindern ein Haustier ist. Zu Beginn befragt sie alle Kinder, die bis jetzt kein Haustier haben, ob sie sich lieber einen Hund, eine Katze oder gar kein Haustier wünschen.
Ihre Ergebnisse hält sie in der folgenden Tabelle fest.

	Mädchen	Jungen
Hund	4	3
Katze	7	2
Keines	1	4

a) Wie viele Kinder des Kindergartens haben kein Haustier?

b) Mit welcher Wahrscheinlichkeit wünscht sich ein zufällig ausgewähltes Kind eine Katze?

c) Mit welcher Wahrscheinlichkeit ist ein zufällig ausgewähltes Kind ein Mädchen?

d) Nimm Stellung zu der Aussage „Die Umfrage zeigt, dass sich Mädchen eher einen Hund wünschen als die Jungen."

e) Gib ein Ereignis A an, welchem die Wahrscheinlichkeit $P(A) = \frac{7}{21}$ zugeordnet werden kann.

Aufgabe 221   **Lösung auf Seite 308**

Bei einem Laplace-Experiment wird mit zwei perfekten, sechsseitigen Würfeln gewürfelt. Bestimme die Wahrscheinlichkeit, dass...

a) das Produkt der Augenzahlen sieben ergibt.

b) die Summe der Augenzahlen sieben ergibt.

c) mindestens einer der Würfel eine Fünf zeigt.

d) das Produkt der Augenzahlen ungerade ist.

Aufgabe 222   **Lösung auf Seite 309**

Das Kraftfahrt-Bundesamt in Flensburg untersucht den Zusammenhang zwischen der Anzahl an Geschwindigkeitsübertretungen und dem Alter der betroffenen Personen. Dazu hat es, im Rahmen einer repräsentativen Studie, die Anzahl an bekannten Geschwindigkeitsübertretungen im vergangenen Jahr nach Altersklassen aufgeschlüsselt.

Anzahl der Übertretungen	Unter 23 Jahren	Über 23 Jahren
≤ 2	154	494
> 2	136	216

Eine Person wird dabei als notorischer Raser aufgefasst, wenn sie im letzten Jahr mehr als zwei bekannte Geschwindigkeitsübertretungen hatte.

a) Wie viele Personen wurden in der Studie betrachtet?

b) Was ist die Wahrscheinlichkeit, dass eine zufällig ausgewählte Person unter 23 und ein Raser ist?

c) Mit welcher Wahrscheinlichkeit ist eine Person, die älter als 23 ist, ein Raser ?

d) Mit welcher Wahrscheinlichkeit ist eine zufällig ausgewählte Person kein Raser?

e) Nimm Stellung zu der Aussage: „Der Anteil an Rasern ist bei den unter 23 Jährigen höher als bei den über 23 Jährigen."

f) Gib ein mögliches Ereignis A an, welchem die Wahrscheinlichkeit $P(A) = 0{,}154$ zugeordnet werden kann.

Aufgabe 223   Lösung auf Seite 310

Bei einem Laplace-Experiment wird mit zwei perfekten, sechsseitigen Würfeln gewürfelt. Bestimme die Wahrscheinlichkeit, dass...

a) das Produkt der Augenzahlen gerade ist.

b) die Differenz der Augenzahlen vier ergibt.

c) einer der Würfel eine Eins zeigt.

d) eine zweistellige, aus den gewürfelten Augenzahlen gebildete Zahl nicht die Quersumme Sechs besitzt? (Dabei ist die Reihenfolge der Ziffern durch die Wurfreihenfolge vorgegeben.)

Aufgabe 224   Lösung auf Seite 312

Das Finanzamt hat die Verdienstklassen aller Bewohner des Dorfes Mittelhausen erhoben, nach Altersklassen aufgeschlüsselt und in der unten stehenden Tabelle zusammengefasst.
Der Jahresverdienst wird hierbei in Einheiten von jeweils 1000 Euro angegeben.

Lohnklassen	unter 50 Jahre	über 50 Jahre
0 - 17	16	4
17 - 36	18	24
> 36	36	42

a) Mit welcher Wahrscheinlichkeit ist eine zufällig ausgewählte Person älter als 50 Jahre?

b) Mit welcher Wahrscheinlichkeit gehört eine zufällig ausgewählte Person unter 50 Jahren zu den Topverdienern?

c) Mit welcher Wahrscheinlichkeit gehört eine zufällig ausgewählte Person nicht zu den Topverdienern?

d) Nimm Stellung zu der Aussage „Der Anteil der Topverdiener ist bei den über 50 Jährigen höher."

e) Gib ein mögliches Ereignis A an, welchem die Wahrscheinlichkeit $P(A) = 1$ zugeordnet werden kann.

3.3 Baumdiagramme

Aufgabe 225   **Lösung auf Seite 313**

Ein Bauer bepflanzt jedes Jahr 30% seiner Felder mit Weizen, den Rest mit Roggen. Auf Grund einer Dürre in diesem Sommer erntet er nur 60% des üblichen Weizen- und sogar nur 40% des üblichen Roggenertrags.
Fertige ein beschriftetes Baumdiagramm an und berechne wie viel Prozent im Vergleich zum üblichen Gesamtertrag er in diesem Jahr nicht einholen kann.

Aufgabe 226   **Lösung auf Seite 314**

In einer Urne befinden sich drei blaue, fünf rote und zwei grüne Kugeln.

Es wird zwei mal mit Zurücklegen gezogen.

a) Fertige ein beschriftetes Baumdiagramm an.

b) Wie hoch ist die Wahrscheinlichkeit, zwei gleichfarbige Kugeln zu ziehen?

c) Wie hoch ist die Wahrscheinlichkeit, zuerst eine blaue und dann eine andersfarbige Kugel zu ziehen?

Nun wird zwei mal ohne Zurücklegen gezogen.

d) Fertige ein beschriftetes Baumdiagramm an.

e) Wie haben sich die Wahrscheinlichkeiten aus b) und c) verändert?

Aufgabe 227   **Lösung auf Seite 315**

Der Radiosender „FM21" führt in der Fußgängerzone eine Studie durch. Insgesamt werden 200 Passanten befragt wie sie zur Popmusik stehen. Dabei ergibt sich, dass 60% aller befragten Personen Popmusik mögen.
Betrachtet man aber eine beliebige Person, so ist sie zu 45% weiblich und mag Popmusik. Jemand, der allerdings eine andere Musikrichtung bevorzugt, ist nur mit einer Wahrscheinlichkeit von 30% weiblich.

a) Fertige ein vollständig beschriftetes Baumdiagramm an und ermittle dabei, mit welcher Wahrscheinlichkeit ein Popmusikfan weiblich ist.

b) Wie viele der befragten Personen waren männlich?

Aufgabe 228   **Lösung auf Seite 316**

In einer Urne befinden sich eine blaue, fünf rote und zwei grüne Kugeln.

Es wird zwei mal mit Zurücklegen gezogen.

a) Fertige ein beschriftetes Baumdiagramm an.

b) Wie hoch ist die Wahrscheinlichkeit, zwei Kugeln unterschiedlicher Farbe zu ziehen?

c) Wie hoch ist die Wahrscheinlichkeit, im zweiten Zug eine blaue Kugel zu ziehen?

Nun wird zwei mal ohne Zurücklegen gezogen.

d) Fertige ein beschriftetes Baumdiagramm an.

e) Wie haben sich die Wahrscheinlichkeiten aus b) und c) verändert?

f) Es wird noch ein weiteres Mal ohne Zurücklegen gezogen. Wie hoch ist die Wahrscheinlichkeit drei gleichfarbige Kugeln zu ziehen?

Aufgabe 229   **Lösung auf Seite 318**

Eine stark verbogene Münze landet mit einer Wahrscheinlichkeit von 55% auf der Seite mit dem Wappen. Gegeben sind folgende Ereignisse:

A: „Drei gleiche Symbole"

B: „Mindestens einmal Zahl"

C: „Mindestens zweimal Zahl"

D: „Drei gleiche Symbole oder mindestens zweimal Zahl"

E: „Beide Symbole treten auf und mindestens zweimal Wappen"

F: „Beide Symbole treten auf und mindestens dreimal Wappen"

Bestimme die Wahrscheinlichkeit aller Ereignisse beim dreimaligen Wurf. Manchmal sind verschiedene Ansätze möglich.

Aufgabe 230   **Lösung auf Seite 319**

Gegeben sind zwei Urnen. In der ersten Urne liegen zwei rote und vier blaue Kugeln. In der zweiten Urne liegt eine schwarze und zwei grüne Kugeln. Sobald eine Kugel gezogen wurde, wird sie in die andere Urne gelegt.

Eine Freundin hat bereits ein mal aus der ersten Urne gezogen. Nun ziehst du zwei mal aus der zweiten Urne.

a) Fertige ein beschriftetes Baumdiagramm für die zweite Urne an.

b) Wie hoch ist die Wahrscheinlichkeit, dass du in deinem zweiten Zug eine Kugel ziehst, die bereits in der ersten Urne lag?

c) Wie hoch ist die Wahrscheinlichkeit, zwei Kugeln verschiedener Farben zu ziehen?

d) Wie hoch ist die Wahrscheinlichkeit, dass nach deinen zwei Zügen zwei rote Kugeln in der ersten Urne liegen?

Aufgabe 231   **Lösung auf Seite 321**

Das Magazin „TopTrend" testet die Leistung verschiedenster Smartphones.
Der Test zeigt, dass in 85% der Handys der Marke Z4 ein sehr guter Akku verbaut wurde. Jedoch besitzen auch 35% der Handys anderer Marken einen sehr langlebigen Akku. Ein zufällig herausgegriffenes Modell hat zu 39,5% eine sehr gute Akkulaufzeit.

a) Fertige ein vollständig beschriftetes Baumdiagramm an und ermittle welchen Anteil Handys der Marke Z4 an der Menge aller getesteten Handys hatten.

b) Wie hoch ist die Wahrscheinlichkeit, dass ein Handy mit guter Akkulaufzeit von der Marke Z4 stammt?

3.4 Vierfeldertafeln und Bedingte Wahrscheinlichkeiten

Aufgabe 232 **Lösung auf Seite 322**

Die Firma Abicrash befragt in einem Kurs mit 17 Teilnehmern alle Schüler, ob sie Mathe mögen. 13 Schüler geben an, dass sie Mathe nicht mögen. Die Hälfte der insgesamt vier Jungen mag Mathe.

a) Fertige eine vollständig ausgefüllte Vierfeldertafel an.

b) Wie viele Mädchen mögen kein Mathe?

c) Mit welcher Wahrscheinlichkeit ist einer der Schüler ein Junge, wenn bereits bekannt ist, dass er kein Mathe mag?

Aufgabe 233 **Lösung auf Seite 323**

Ein Arzt führt eine klinische Studie zur Verbreitung von Laktoseintoleranz durch. In seiner Probandengruppe stammen 27 Probanden aus Asien oder Afrika. Die restlichen 23 Probanden stammen aus dem Rest der Welt. Insgesamt 30 Teilnehmer der Studie zeigten eine Laktoseintoleranz. Von den Probanden, die nicht aus Asien oder Afrika stammen zeigten lediglich vier eine Laktoseintoleranz.

a) Fertige eine vollständig beschriftete Vierfeldertafel an.

b) Mit welcher Wahrscheinlichkeit stammt eine zufällig ausgewählte Person aus Asien oder Afrika und hat eine Laktoseintoleranz?

c) Prüfe die Ereignisse

A : „Stammt aus Asien oder Afrika" und

L : „Hat eine Laktoseintoleranz"

auf stochastische Unabhängigkeit.

Aufgabe 234 **Lösung auf Seite 324**

Ein Konditormeister hat 200 Pralinen hergestellt. 80% von ihnen sind aus dunkler Schokolade, der Rest aus weißer Schokolade. 30% aller Pralinen enthalten Nüsse, bei den Weißen haben jedoch nur 12,5% einen Nussanteil. Stelle die beschriebene Situation mit einer Vierfeldertafel dar. Benutze dazu absolute Häufigkeiten.

Aufgabe 235   **Lösung auf Seite 324**

Bestimme die Wahrscheinlichkeit, bei zweimaligem Werfen eines Würfels eine Augensumme von mindestens Acht zu erhalten, unter der Bedingung, dass beim ersten Wurf eine Vier gefallen ist.

Aufgabe 236   **Lösung auf Seite 325**

Der Betreiber eines Eisenbahnunternehmens hat eine Umfrage unter seinen Fahrgästen durchgeführt. Diese ergab, dass 10% der Fahrgäste in der ersten Klasse reisen. Außerdem wurde in der Umfrage abgefragt, wie zufrieden die Fahrgäste mit dem Service des Unternehmens sind. Es wurde festgestellt, dass jeder sechste Fahrgast in der zweiten Klasse unzufrieden war. Zudem gaben lediglich 70% der Fahrgäste der ersten Klasse an, zufrieden zu sein.

Betrachte die Ereignisse:

1.K : „Ein Teilnehmer der Umfrage ist 1. Klasse Fahrer" und

Z : „Ein Teilnehmer der Umfrage ist mit dem Service zufrieden"

a) Fertige eine vollständig beschriftete Vierfeldertafel an.

b) Als der Geschäftsführer die Zufriedenheitszahlen der ersten Klasse erhält, ist er schockiert und behauptet:

> Das Unternehmen hat es leider nicht geschafft, den Zufriedenheitswert von 77%, aus dem Vorjahr, erneut zu erreichen.

Nimm dazu Stellung.

c) Mit welcher Wahrscheinlichkeit ist ein zufällig ausgewählter Passagier der ersten Klasse unzufrieden?

d) Im Folgejahr fahren 30% Prozent der Passagiere mit der ersten Klasse. Die Zufriedenheitswerte der Passagiere in beiden Klassen bleiben gleich. Wie ändert sich die Gesamtzufriedenheit? Erkläre wieso.

Aufgabe 237   **Lösung auf Seite 327**

Das japanische Fischerei-Ministerium testet gefangene Fische auf Belastung mit Cäsium-Isotopen. Dazu erheben sie eine Stichprobe von 1000 Fischen.
240 der Fische stammen aus der Region um Fukushima. Ein Viertel aller untersuchten Fische ist mit Cäsium-Isotopen belastet. Insgesamt 180 der Fische stammen aus der Region um Fukushima und sind unbelastet.

a) Fertige eine vollständig beschriftet Vierfeldertafel an.

b) Mit welcher Wahrscheinlichkeit stammt ein zufällig ausgewählter Fisch nicht aus Fukushima und ist trotzdem mit Cäsium-Isotopen belastet?

c) Mit welcher Wahrscheinlichkeit stammt ein belasteter Fisch aus Fukushima?

d) Prüfe die Ereignisse

     F : „Der Fisch stammt aus der Region um Fukushima" und

     C : „Der Fisch ist mit Cäsium-Isotopen belastet"

auf stochastische Unabhängigkeit.

Aufgabe 238   **Lösung auf Seite 328**

Ein Prüfer des TÜV Süd stellt fest, dass 5% aller Staudämme in Brasilien, die älter als zehn Jahre sind, schwere Mängel aufweisen. Zwei von drei mangelhaften Dämmen haben dennoch eine Unbedenklichkeitsbescheinigung erhalten. Gegeben sind die zwei Ereignisse

M: „Der Damm ist mangelhaft" und

U: „Der Damm erhält eine Unbedenklichkeitsbescheinigung".

a) Bestimme die Wahrscheinlichkeit $P(M \cap U)$.

b) Insgesamt erhalten 90% der Dämme in Brasilien ein Unbedenklichkeitsbescheinigung. Bestimme die Wahrscheinlichkeit $P(M \cup U)$:

Aufgabe 239   **Lösung auf Seite 329**

Anwärter der Moskauer Tanzschule müssen bei ihrer Aufnahmeprüfung in Paaren vortanzen. Während ihrer Choreographie müssen sowohl der Mann, als auch die Frau eine komplizierte Solofigur präsentieren.

Bei insgesamt 40% der Paare absolvieren beide Partner ihre Solofigur fehlerfrei. Lediglich 45% der Männer tanzen ihre Figur einwandfrei. Bei 30% der Paare vermasselt der Mann seinen Auftritt, während die Frau ihren Teil fehlerfrei absolviert.

a) Fertige eine vollständig beschriftetet Vierfeldertafel an.

b) Mit welcher Wahrscheinlichkeit vermasseln bei einem zufällig ausgewählten Paar beide Partner ihren Auftritt?

c) Mit welcher Wahrscheinlichkeit tanzt der Mann seine Figur fehlerfrei, wenn bereits bekannt ist, dass die Frau ihren Auftritt vermassselt hat?

d) Prüfe die Ereignisse

     M : „Der Mann tanzt seine Figur fehlerfrei" und

     F : „Die Frau tanzt ihre Figur fehlerfrei"

auf stochastische Unabhängigkeit.

Aufgabe 240   **Lösung auf Seite 330**

Repräsentative Umfragen unter US-Amerikanern aus dem Jahr 2018 ergaben, dass 48% der Männer, aber lediglich 35% der Frauen den US-Präsidenten Donald J. Trump befürworten. Zusätzlich ist bekannt, dass das Bevölkerungsverhältnis von Männern zu Frauen in den USA bei 0,97 liegt.

a) Fertige eine vollständig beschriftete Vierfeldertafel an.

b) Mit welcher Wahrscheinlichkeit ist eine zufällig ausgewählte Person weiblich und eine Trump-Befürworterin?

c) Mit welcher Wahrscheinlichkeit ist ein Trump-Befürworter männlich?

d) Prüfe die Ereignisse

     F : „Die Person ist eine Frau" und

     T : „Die Person befürwortet Donald Trump als Präsident"

auf stochastische Unabhängigkeit.

Aufgabe 241   **Lösung auf Seite 333**

Ein Pharmaunternehmen testet einen neuen Ebola-Schnelltest. Dazu führt es nebenher noch eine Studie mit einem Test durch, der sehr zuverlässig, aber auch sehr langsam ist. Der neue Test klassifiziert 90% der tatsächlich Erkrankten als krank. Der zuverlässige Test ergibt, dass eine von vier Testpersonen tatsächlich erkrankt ist.

Gegeben sind die zwei Ereignisse:

K: „Die Person ist tatsächlich erkrankt" und

T: „Der Schnelltest klassifiziert die Person als erkrankt"

a) Bestimme $P(K)$.

b) Bestimme die Wahrscheinlichkeiten $P(K \cap T)$ und $P(K \cap \bar{T})$.

c) Die Wahrscheinlichkeit, dass eine Person tatsächlich erkrankt ist, oder zumindest durch den Schnelltest als krank eingestuft wird, beträgt 35%. Bestimme die Wahrscheinlichkeit, dass der Test eine beliebige Person als krank einstuft.

3.5 Kombinatorik

Aufgabe 242   **Lösung auf Seite 334**

Ein Straßenmagier führt in der Münchner Fußgängerzone diverse Tricks auf. Einer mathematisch versierten Beobachterin kommen beim Betrachten einige Fragen:

a) Bei einem Hütchenspiel befinden sich unter zwei, der insgesamt fünf Becher, goldene Münzen. Mit welcher Wahrscheinlichkeit errät ein Passant die beiden richtigen Becher?

b) Bei einem Kartenspiel gibt es vier nach Farben sortierte Kartenstapel. Ein Zuschauer wird aufgefordert insgesamt sieben Spielkarten von diesen Stapeln abzuheben und der Reihe nach auf den Tisch zu legen. Wie viele unterschiedliche Möglichkeiten gibt es, diese Kartenfolge zu legen?

c) Beim letzten Trick muss der Zuschauer sechs Messer mit unterschiedlich farbigen Griffen in einer beliebigen Reihenfolge auf ein Holzbrett werfen. Wie viele Möglichkeiten gibt es dazu?

Aufgabe 243   **Lösung auf Seite 335**

In einem Reisebus mit 40 Plätzen sollen 36 Reisende transportiert werden. Auf jeder Seite des Busses gibt es gleich viele Sitzplätze.

a) Wie viele Möglichkeiten gibt es, die Reisenden im Bus zu verteilen?

b) In einem zweiten, baugleichen Bus fahren lediglich zehn Reisende. Wie viele Möglichkeiten gibt es, wenn sich jeder der Reisenden zwischen der rechten oder der linken Busseite entscheiden muss?

c) Von den verbleibenden 30 freien Plätzen sollen 15 ausgesucht werden, um dort Gepäck zu verstauen. Wie viele Möglichkeiten gibt es?

Aufgabe 244   **Lösung auf Seite 335**

Die drei Freundinnen Anna, Brigitte und Charlotte haben vor sich einen Berg aus acht roten und sieben grünen Gummibärchen.

a) Um zu entscheiden, wer sich zuerst bedienen darf, würfelt jede drei mal mit einem sechsseitigen Würfel und bildet aus den gewürfelten Augen eine dreistellige Zahl. Diejenige mit der höchsten Zahl gewinnt. Wie viele mögliche Zahlen können erwürfelt werden?

b) Brigitte zieht blind fünf Gummibärchen. Mit welcher Wahrscheinlichkeit zieht sie drei Rote und zwei Grüne?

c) Irgendwann sind nur noch drei Gummibärchen übrig und die Mädchen vereinbaren eine Reihenfolge, in der sie sich ein letztes Mal bedienen dürfen. Wie viele mögliche Reihenfolgen gibt es?

Aufgabe 245   **Lösung auf Seite 336**

Während des Sportunterrichts werden aus 25 Schülern fünf gleich große Gruppen gebildet.

a) Wie viele Möglichkeiten gibt es, die drei Schüler Sascha, Alex und Patrick auf die Gruppen zu verteilen?

b) Da die drei Freundinnen Saskia, Annalena und Miriam dauernd herumalbern, sollen sie auf verschiedene Gruppen verteilt werden. Wie viele Möglichkeiten gibt es dazu?

c) Wie viele verschiedene Fünfergruppen können insgesamt gebildet werden?

d) Nach dem Sportunterricht werden drei Schüler ausgewählt um aufzuräumen. Wie viele Möglichkeiten gibt es dazu?

———————————————— **Bonus:** ————————————————

e) Wie viele Möglichkeiten gibt es, alle Schüler auf fünf Gruppen aufzuteilen?

Aufgabe 246   **Lösung auf Seite 338**

Nimm an, du hast zwei rote und drei blaue Bausteine, die untereinander nur durch die Farbe unterschieden werden können. Wie viele Möglichkeiten gibt es, damit einen vier Steine hohen Turm zu bauen?

Aufgabe 247   Lösung auf Seite 338

Der kleine Carl Friedrich Gauß feiert Geburtstag. Dazu lädt er sich acht Freunde ein. Während sie feiern, stellt sich Carl Friedrich einige Fragen:

a) Beim Kuchenessen verteilen sich die Kinder auf neun Stühle. Wie viele mögliche Sitzordnungen ergeben sich?

b) Anschließend spielen sie „Blinde Kuh". Dazu müssen zwei Fänger bestimmt werden. Wie viele Möglichkeiten gibt es, zwei der neun Kinder auszuwählen?

c) Beim Versteckspiel stehen fünf Räume zu Verfügung. Wie viele Möglichkeiten gibt es, die Kinder unter Beachtung der Reihenfolge auf die unterschiedlichen Räume zu verteilen?

d) Nachdem ein weiterer Gast eingetroffen ist, sind auf der Party sieben Jungen und drei Mädchen. Für eine Fußball-Match werden zufällig zwei Fünfer-Teams zusammengestellt. Wie hoch ist die Wahrscheinlichkeit, dass alle Mädchen in einem Team sind, wenn die Teams zufällig bestimmt werden?

Aufgabe 248   Lösung auf Seite 339

Bibi hat auf ihrem Schreibtisch 12 verschiedene Nagellack Fläschchen.

a) Sie möchte jeden Fingernagel in einer anderen Farbe lackieren.
   Wie viele Möglichkeiten hat sie, die Farben auszuwählen?

b) Um den Leuten ihre beeindruckende Sammlung zu zeigen, reiht sie die Fläschchen auf. Wie viele unterschiedliche Möglichkeiten hat sie dazu?

c) Bibi besitzt zwei Beauty Cases. In eines passen vier Nagellackfläschchen, in das andere acht. Wie viele Möglichkeiten hat sie, ihre Sammlung auf die zwei Beauty Cases aufzuteilen?

3.6 Zufallsvariablen

Aufgabe 249   **Lösung auf Seite 341**

Auf der Wiesn gibt es ein Glücksrad mit drei Feldern. Für einen Euro Einsatz darf man einmal drehen. Die Gewinnfelder sind wie folgt verteilt:
Der Bereich in dem man nichts gewinnt, nimmt zwei Drittel des gesamten Rades ein. Der Rest des Rads teilt sich in zwei gleich große Bereiche, in denen man einen Euro oder drei Euro gewinnen kann.
Die Zufallsvariable X beschreibt, wie viel ausgezahlt wird.

a) Berechne den Erwartungswert und die Standardabweichung von X.

b) Ist das Spiel fair? Wenn nein, zu wessen Gunsten ist es ausgelegt?

c) Nachdem Du dich beschwert hast, schlägt dir der Händler einen Deal vor. Er würde dir statt drei Euro im entsprechenden Feld fünf Euro auszahlen, allerdings erhöht sich der Einsatz auf zwei Euro. Solltest Du darauf eingehen?

Aufgabe 250   **Lösung auf Seite 342**

Die Zufallsgröße X sei binomialverteilt. Bestimme den Erwartungswert und die Standardabweichung von X.

a) $n = 20$ und $p = 0{,}1$

b) $n = 500$ und $p = 0{,}35$

c) $n = 38$ und $p = 0{,}125$

Aufgabe 251   **Lösung auf Seite 342**

Die Klasse 10c betreibt beim nächsten Weihnachtsbazar die Tombola. Dazu entwirft sie ein Glücksrad, welches den Gewinn anzeigt und mit einem Euro Einsatz gedreht werden darf. Sie haben bereits entschieden, dass es drei Felder geben soll. Das Feld mit drei Euro Gewinn soll ein Fünftel des Rades einnehmen, das zweite Feld zeigt einen Euro und das letzte null Euro.
Wie muss der restliche Bereich in zwei Sektoren geteilt werden, damit die Klasse einen durchschnittlichen Gewinn von 20 Cent pro Drehung erzielt?

Aufgabe 252   **Lösung auf Seite 342**

In der untenstehenden Abbildung ist die Verteilung einer Zufallsvariablen X dargestellt. Die Wertemenge ist $\{0; 1; 2\}$.

a) Bestimme den Erwartungswert der Verteilung aus der Grafik.

b) Ist X binomialverteilt?

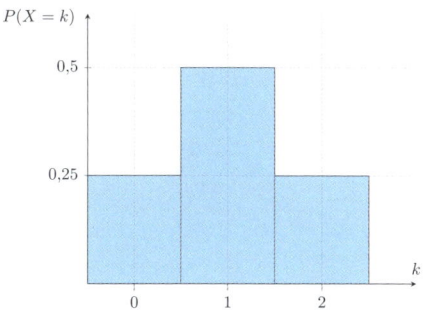

Aufgabe 253   **Lösung auf Seite 343**

Berechne den Erwartungswert der folgenden Zufallsvariablen.

a) Ein 6-seitiger Laplace-Würfel wird geworfen. Die Zufallsvariable gibt die Augenzahl eines Wurfes wieder.

b) Bei einem Glücksspiel wird eine Münze einmal geworfen. Bei Zahl gewinnt man fünf Euro und bei Kopf verliert man sechs Euro. Die Zufallsvariable gibt den Gewinn bei einem Münzwurf an.

c) Ein Würfel wird 20-mal geworfen. Die Zufallsvariable gibt an, wie oft die Zahl 3 gefallen ist.

d) In einer Urne befinden sich 12 Kugeln, darunter 4 schwarze und 8 weiße. Daraus werden 6 Kugeln ohne Zurücklegen und ohne Beachtung der Reihenfolge gezogen. Die Zufallsvariable gibt an, wie viele weiße Kugeln gezogen wurden.

Aufgabe 254   **Lösung auf Seite 344**

Ein Handyhersteller bietet beim Kauf eines seiner Handys eine zweijährige Zusatzgarantie an, bei der alle entstandenen Schäden übernommen werden. Diese kostet einmalig 200 Euro. Ein Vergleichsportal hat die Wahrscheinlichkeiten, mit der die unterschiedlichen Schäden innerhalb dieser zwei Jahre auftreten, sowie deren Kosten in einer Tabelle festgehalten.

	Kosten in Euro	Wahrscheinlichkeit
Kaputtes Display	180	40 %
Kaputter Akku	40	65 %
Defektes Ladegerät	47	0,9 %
Defekte Kamera	115	20 %

a) Bestimme anhand der Tabelle die erwarteten Kosten, die auf einen Käufer zukommen. Lohnt sich die Versicherung?

b) Welcher Faktor wird hierbei vernachlässigt? Warum könnte sich die Versicherung doch lohnen?

Aufgabe 255   **Lösung auf Seite 345**

In einem Freizeitpark wird folgendes Glücksspiel angeboten: In einer Urne befinden sich zehn Lose, jeweils fünf „Nieten" und fünfmal „Gewinn". Gegen einen Einsatz von zwei Euro kann ein Spieler an folgendem Gewinnspiel teilnehmen:
Der Spieler zieht aus der Urne ein Los, zieht er „Gewinn", darf er erneut ziehen, zieht er „Niete", hat er sofort verloren. Um zu gewinnen, muss er insgesamt dreimal „Gewinn" ziehen. Den Gewinn in Höhe von acht Euro erhält man, wenn die drei Gewinnerlose an der Kasse des Freizeitparks abgegeben werden.

a) Mit welcher Wahrscheinlichkeit gewinnt der Spieler?

b) Wie hoch muss der Gewinn sein, damit es sich um ein faires Spiel handelt?

Aufgabe 256   **Lösung auf Seite 345**

In einer Urne befinden sich sechs 50-Cent-Münzen, drei 1 Euro-Münzen und eine 2 Euro-Münze. Es werden zufällig zwei Münzen (ohne Zurücklegen) herausgenommen. Die Zufallsvariable beschreibt den Geldbetrag der gezogenen Münzen.

a) Erstelle die Wahrscheinlichkeitsverteilung der Zufallsgröße X und berechne den Erwartungswert $\mathbb{E}(X)$.

b) Bestimme die Standardabweichung von X.

Aufgabe 257   **Lösung auf Seite 346**

Eine Studie testet gebrauchte Autos auf ihren Status im Bereich „Autonomes Fahren". Die Ergebnisse zeigen, dass 80% der Autos bereits Abstandssensoren, 40% Parkassistenzsysteme und nur 5% Spurhaltesysteme besitzen. Es werden nun 100 Autos zufällig ausgewählt.

a) Berechne die Wahrscheinlichkeit, dass das vierte ausgewählte Auto das erste ist, welches ein Parkassistenzsystem besitzt.

b) Die Zufallsvariable X beschreibt die Anzahl ausgewählter Autos mit Spurhaltesystemen. Berechne die Wahrscheinlichkeit, dass X einen Wert annimmt, der höchstens um eine Standardabweichung von ihrem Erwartungswert abweicht.

3.7 Binomialverteilung

Aufgabe 258   **Lösung auf Seite 348**

Ein Autohersteller produziert Getriebewellen mit einem Ausschussanteil von 2%. Berechne die Wahrscheinlichkeit, dass sich unter 100 zufällig gewählten Antriebswellen mindestens drei und höchstens sieben Ausschussartikel befinden.

Aufgabe 259   **Lösung auf Seite 348**

Eine Firma für Bohrmaschinen stellt mit 20% Ausschuss her. Wie hoch ist die Wahrscheinlichkeit, dass unter 100 zufällig gewählten Bohrmaschinen kein Ausschussstück zu finden ist, bzw. genau 20 Bohrmaschinen zum Ausschuss zählen?

Aufgabe 260   **Lösung auf Seite 349**

Bei einem Automaten gewinnt man 25% aller Spiele. Berechne die Wahrscheinlichkeit, dass man

a) bei 15 Spielen mindestens einmal gewinnt.

b) bei 30 Spielen exakt zehn mal gewinnt.

Aufgabe 261   **Lösung auf Seite 349**

Tim ist Liebhaber fleischfressender Pflanzen. Er bestellt so viele Samenpäckchen der seltenen Kobralilie wie er finden kann. Am Ende hat er 54 Päckchen erworben. Seine Freundin erzählt ihm, dass 5% aller Waren beim Zoll hängen bleiben.
Sie bemerkt daraufhin entsetzt, dass die Wahrscheinlichkeit, dass alle Päckchen bei ihm ankommen, nur bei 6% liegt.

a) Begründe wie sie zu dieser Schlussfolgerung kommt und nimm dazu Stellung.

b) Welche Anzahl an Päckchen kann Tim bei sich zu Hause erwarten?

Aufgabe 262 — Lösung auf Seite 350

Das erste Buch einer jungen Autorin wird zunächst mit einer Stückzahl von 100 Büchern aufgelegt. Da die Druckmaschine schon etwas in die Jahre gekommen ist, unterläuft ihr in 10% der Fälle ein Druckfehler.
Mit welcher Wahrscheinlichkeit gibt es...

a) mindestens zwei Fehldrucke?

b) genau sieben Fehldrucke?

c) höchstens 5% fehlerhafte Exemplare?

d) weniger als 14 und mehr als 8 inkorrekte Drucke?

Aufgabe 263 — Lösung auf Seite 351

In einer Urne befinden sich 13 weiße und 16 rote Kugeln, von denen zehn zufällig herausgegriffen werden. Wie hoch ist die Wahrscheinlichkeit, dass unter ihnen genau sechs Weiße sind?

Aufgabe 264 — Lösung auf Seite 351

Ein Fußballspieler absolviert eine Trainingseinheit, um sich zu verbessern. Dazu schießt er 50 mal auf ein Tor. Mit einer Wahrscheinlichkeit von 60% landet er einen Treffer. Mit welcher Wahrscheinlichkeit trifft er...

a) genau 22 mal?

b) mehr als 39 mal?

c) höchstens acht mal nicht?

d) weniger als 36 und mindestens 25 mal?

e) beim ersten, vierten, 11. und 49. Versuch?

f) Ergibt es Sinn, jede Trainingseinheit mit diesem Bernoulli-Experiment zu modellieren?

Aufgabe 265   **Lösung auf Seite 352**

In den Abbildungen unten sind drei Binomialverteilungen dargestellt. Alle haben die gleiche Stichprobengröße $n = 30$. Ordne drei der Wahrscheinlichkeiten

$$p_1 = 0{,}6, \quad p_2 = 0{,}2, \quad p_3 = 0{,}4 \quad \text{und} \quad p_4 = 0{,}9$$

den Graphen zu und begründe deine Wahl. Es ist nicht notwendig explizite Wahrscheinlichkeiten zu berechnen.

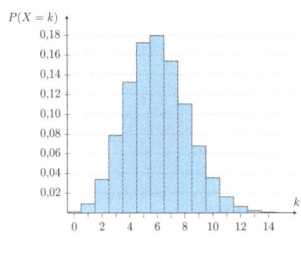
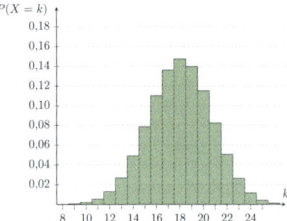
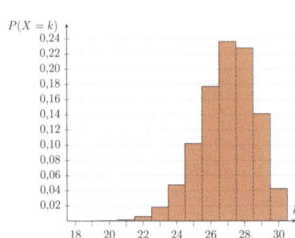

Aufgabe 266   **Lösung auf Seite 353**

In einer Fabrik in Italien wird eine Schokocreme produziert. Der Vorstand will die Fehlerquote untersuchen. Dazu testet er zunächst eine Stichprobenmenge von fünf Gläsern. Die Vergangenheit hat gezeigt, dass die Wahrscheinlichkeit, dass das erste und vierte Glas einen Fehler aufweisen bei 0,04 liegt.

a) Mit welcher Wahrscheinlichkeit produziert die Maschine ein Ausschussexemplar? Nimm an, dass die Fehlerquote bei jedem Glas gleich groß und unabhängig von den anderen Gläsern ist.

Die Stichprobenmenge wird nun um 15 erhöht, die in a) berechnete Wahrscheinlichkeit bleibt dabei gleich. Mit welcher Wahrscheinlichkeit...

b) werden mindestens 60% korrekt produziert?

c) weist jedes vierte Glas einen Fehler auf?

d) ist genau die Hälfte der produzierten Schokocremes mangelhaft?

e) sind mindestens fünf, aber weniger als zehn minderwertige Exemplare dabei?

Aufgabe 267   **Lösung auf Seite 354**

In den zwei untenstehenden Abbildungen ist eine Binomialverteilung mit dem Parameter $n = 4$ dargestellt. Die Linke zeigt die kumulative Verteilung der Werte $0, 1, 2$ und 3; die Rechte die einfache Verteilung. Ergänze die noch fehlenden Balken.

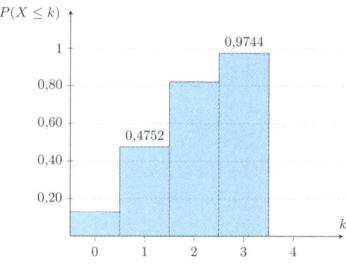
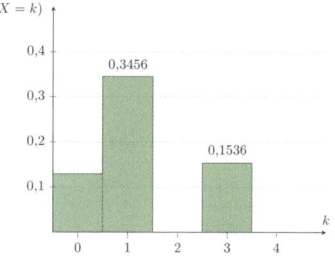

Aufgabe 268 **Lösung auf Seite 355**

In Bayern war Kreistagswahl. Dabei lag die Wahlbeteiligung in einem Landkreis bei 44,9%. Im Folgenden werden nur die wahlberechtigten Personen des Landkreises betrachtet. X_n sei eine Zufallsvariable, die in einer Stichprobe von n Personen die Anzahl der Personen, die gewählt haben, beschreibt.

a) Begründe, dass X_n als binomialverteilt betrachtet werden kann.

b) Die Wahrscheinlichkeit welches Ereignis wird hier im Sachzusammenhang beschrieben:

$$\sum_{k=0}^{25} \binom{50}{k} \cdot 0{,}449^k \cdot 0{,}551^{50-k}$$

c) Berechne die Wahrscheinlichkeit, dass von 100 zufällig ausgewählten Personen mindestens 50 gewählt haben.

d) Berechne und interpretiere die Wahrscheinlichkeit $P(|X_{1000} - \mu| \leq 10)$

Das Tafelwerk muss für diese Aufgabe ergänzt werden. $F(n; p; k)$ beschreibt die kummulierten Wahrscheinlichkeit einer binomialverteilten Zufallsvariable X mit Kettenlänge n und Trefferwahrscheinlichkeit p für $X \leq k$.

$n = 100;\ p = 0,449$	k	$F(100; 0,449; k)$	$n = 1000;$ $p = 0,449$	k	$F(1000; 0,449; k)$
	...	...		...	...
	47	0,70017		437	0,23251
	48	0,76581		438	0,25241
	49	0,82257		439	0,27317
	50	0,86975		440	0,29473
	...	...		...	...
				458	0,72729
				459	0,74797
				460	0,76780
				...	...

Aufgabe 269 **Lösung auf Seite 355**

Die Q12 verkauft in jeder Pause Pizzastücke, um die Abikasse zu füllen. Sie haben dazu mit der Pizzeria um die Ecke einen Vertrag geschlossen, sodass diese ihnen in jeder Pause 50 Stücke einer zufälligen Pizzasorte liefert. Es wird jeden Tag eine der vier Sorten Funghi, Prosciutto, Margherita oder Tonno angeboten.
Nach Beobachtungen der Schüler werden an 21% der Tage Prosciutto-, an 38% der

Tage Margherita- und an lediglich 8% der Tage Tonnopizzen geliefert.

a) Hannah ist Vegetarierin. Mit welcher Wahrscheinlichkeit kann sie sich an drei von fünf Tagen eine Pizza kaufen?

b) Gib ein mögliches Ereigniss A an das zu folgender Wahrscheinlichkeit passt.

$$P(A) = \binom{5}{5} \cdot 0{,}62^5 \cdot 0{,}38^0 \approx 0{,}092$$

c) Theo mag keine Pilze. Mit welcher Wahrscheinlichkeit kann er sich mindestens drei mal aber höchstens vier mal in der Woche eine Pizza kaufen?

d) An wie vielen Tagen in der Woche wird erwartungsgemäß eine Pizza Prosciutto geliefert?

3.8 3M-Aufgaben

Aufgabe 270   **Lösung auf Seite 357**

Wie oft muss ein Würfel in Form eines Ikosaeders mindestens geworfen werden, um mit einer Wahrscheinlichkeit von mindestens 90%, mindestens einmal eine Eins zu werfen?

——————————————— **Tipp:** ———————————————

Ein Ikosaeder hat 20 gleich große Seitenflächen.

Aufgabe 271   **Lösung auf Seite 358**

Bei einer Losbude auf einem Jahrmarkt gewinnt man mit einer Wahrscheinlichkeit von 10%. Ein sehr verzweifelter Besucher stellt sich die Frage, wie viele Lose er mindestens kaufen muss, um mit einer Wahrscheinlichkeit von mindestens 80% mindestens einmal zu gewinnen.

Aufgabe 272   **Lösung auf Seite 359**

Ben schreibt eine Multiple-Choice Klausur mit 20 Fragen und ist verzweifelt. Es bleibt ihm keine andere Möglichkeit außer zu raten. Erfahrungsgemäß rät er jede dritte Frage richtig.

a) Mit welcher Wahrscheinlichkeit rät er mehr als 60% der Fragen richtig?

b) Wie oft muss er mindestens raten, um mit einer Wahrscheinlichkeit von mindestens 80%, mindestens eine korrekte Antwort abzugeben?

Aufgabe 273   **Lösung auf Seite 360**

Horrible Hannah ist eine notorische Schwarzfahrerin. Allerdings ist sie stets bemüht das Risiko einer Entdeckung zu kalkulieren. Nach neusten Umfragen wird lediglich einer von 20 Schwarzfahrern entdeckt. Wie oft darf sie höchstens ohne gültiges Ticket fahren, um mit einer Wahrscheinlichkeit von höchstens 50% mindestens einmal erwischt zu werden?

Aufgabe 274 **Lösung auf Seite 361**

Bei einem extremen Kartenspiel kann es passieren, dass ein Spieler am Ende seines Zuges eine zufällige Menge an zusätzlichen Karten erhält. Die Wahrscheinlichkeit, dass dies passiert liegt bei $p = 0{,}05$.

a) Wie viele Runden muss ein Spieler mindestens spielen, um mit einer Wahrscheinlichkeit von mindestens 60%, mindestens einmal zusätzliche Karten zu erhalten?

b) Wird man lediglich einmal mit zusätzlichen Karten bestraft, kann man sich bereits glücklich schätzen. Wie viele Runden muss ein Spieler spielen um mit einer Wahrscheinlichkeit von mindestens 5% mehr als einmal zusätzliche Karten zu erhalten?

Aufgabe 275 **Lösung auf Seite 363**

Alina's Freundin Maia hat schreckliche Flugangst. Um sie zu beruhigen macht Alina eine Modellrechnung, in der sie annimmt, dass lediglich bei 0,1% aller Flugreisen etwas Unerwartetes geschieht.

a) Um ihrer Freundin zu zeigen, dass sie beruhigt sein kann, möchte Alina herausfinden, wie oft man man mindestens fliegen muss, um mit einer Wahrscheinlichkeit von mindestens 1%, mindestens einmal etwas Unerwartetes zu erleben.

b) Maia ist immer noch nicht beruhigt. Daher möchte sie berechnen, wie oft man höchstens fliegen darf, um mit einer Wahrscheinlichkeit von maximal 1%, mindestens einmal etwas Unerwartetes zu erleben.

3.9 Hypothesentests

Aufgabe 276   **Lösung auf Seite 365**

Die Wahlkampfberater eines Politikers möchten seine Möglichkeiten bei der nächsten Wahl ausloten. Dazu soll die Nullhypothese „Mehr als 70% der Wähler befürworten seine Politik", in einer Umfrage unter 200 Personen und mit einem Signifikanzniveau von 5% getestet werden.

a) Bestimme die dazugehörige Entscheidungsregel.

b) Nimm nun an, dass lediglich 60% der Wähler seine Politik befürworten. Mit welcher Wahrscheinlichkeit wird die Hypothese trotzdem angenommen?

Das Tafelwerk muss für diese Aufgabe ergänzt werden. $F(n; p; k)$ beschreibt die kummulierten Wahrscheinlichkeit einer binomialverteilten Zufallsvariable X mit Kettenlänge n und Trefferwahrscheinlichkeit p für $X \leq k$.

$n = 200;\ p = 0,7$	k	$F(200; 0,7; k)$	$n = 200;\ p = 0,6$	k	$F(200; 0,6; k)$
	...	...		...	...
	126	0,02002		126	0,82577
	127	0,02843		127	0,86070
	128	0,03963		128	0,89058
	129	0,05421		129	0,91560
	130	0,07279		130	0,93610
	131	0,09595		131	0,95252
	...	...		...	...

Aufgabe 277   **Lösung auf Seite 366**

Ein Landbewohner beschwert sich regelmäßig über die Netzqualität. Daher testet er an 100 Tagen, ob es zu Netzausfällen kommt. Seine Nullhypothese lautet: „An mehr als 70% der Tagen kommt es zu Netzausfällen." Er begnügt sich mit einem Signifikanzniveau von 10%.

a) Stelle die dazugehörige Entscheidungsregel auf.

b) Nimm an, dass tatsächlich an 80% der Tagen Netzausfälle stattfinden. Wie hoch ist in diesem Fall die Wahrscheinlichkeit die Nullhypothese nach dem Test anzunehmen?

c) Der Telefonanbieter veröffentlicht Daten, wonach es an 50% der Tage zu Ausfällen kommt. Wie hoch ist dann die Wahrscheinlichkeit einen Fehler zweiter Art zu begehen?

Aufgabe 278　　　　**Lösung auf Seite 368**　　

Eine Konditorei produziert Mini-Muffins. Mit dem alten Ofen sind regelmäßig 15% der Muffins verbrannt. Daher wurde ein neuer Ofen angeschafft und der Konditormeister möchte nun wissen, ob sich der Anteil der verbrannten Muffins verändert hat. Dazu sollen 100 Muffins untersucht werden und der Fehler erster Art, also die Wahrscheinlichkeit, dass der Meister irrtümlich annimmt, dass sich der Prozentsatz der verbrannten Muffins geändert hat auf 10% beschränkt werden.

Das Tafelwerk muss für diese Aufgabe ergänzt werden. $F(n; p; k)$ beschreibt die kummulierten Wahrscheinlichkeit einer binomialverteilten Zufallsvariable X mit Kettenlänge n und Trefferwahrscheinlichkeit p für $X \leq k$.

$n = 100; p = 0,15$	k	$F(100; 0,15; k)$	$n = 100; p = 0,15$	k	$F(100; 0,15; k)$
	...	...		...	...
	7	0,01217		20	0,93368
	8	0,02748		21	0,96072
	9	0,05509		22	0,97786
	...	...		...	...

Aufgabe 279 **Lösung auf Seite 369**

Ein Schreiner bezieht sein Holz von einem Großhandel. Er hat auch die Möglichkeit sein Holz stattdessen bei einem teureren, lokalen Waldbauern zu kaufen. Dieser verspricht, dass sein Holz eine höhere Qualität, also weniger Wurmbefall, hat. Um sich seine Entscheidung zu erleichtern, prüft der Schreiner 100 Lieferungen des Großhandels. Seine Nullhypothese lautet:

H_0: Der Anteil der wurmstichigen Lieferungen beträgt weniger als 10%.

a) Bestimme die zugehörige Entscheidungsregel für ein Signifikanzniveau von 5%.

b) Standen bei der Wahl der Nullhypothese hauptsächlich monetäre oder qualitative Aspekte im Vordergrund?

Aufgabe 280 **Lösung auf Seite 370**

Ein Klimawandelleugner stellt die Nullhypothese „In weniger als 10% der letzten 10 Sommermonate lag die Temperatur über der mitttleren Temperatur des letzten Jahrhunderts" auf. Er möchte diese Hypothese zu einem Signifikanzniveau von 5% testen.

a) Bestimme die dazugehörige Entscheidungsregel.

b) Nimm an, dass tatsächlich in 70% der letzten Sommermonate die Temperatur über dem Mittel lag. Mit welcher Wahrscheinlichkeit wird die Hypothese dennoch angenommen? Handelt es sich um einen Fehler erster oder zweiter Art?

Aufgabe 281 **Lösung auf Seite 372**

Ein Aufsichtsratmitglied einer großen Firma möchte sich vor einer feindlichen Übernahme des Rückhalts seiner Kollegen versichern. Dazu führt er unter ihnen eine informelle Umfrage durch.
Bei der letzten Umfrage befürworteten ihn 12 seiner insgesamt 20 Kollegen. Nun möchte er wissen, ob sich dieser Wert geändert hat. Wie muss er seine Entscheidungsregel wählen, wenn er mit einer Wahrscheinlichkeit von maximal 10% einen Fehler erster Art begehen möchte?

Aufgabe 282   **Lösung auf Seite 373**

Das neue Schnupfenmedikament eines Pharmaunternehmens soll auf Nebenwirkungen getestet werden. Kurz vor der Studie, streiten sich der Chef der Finanzabteilung und die Chefin der PR-Abteilung über die Wahl der Nullhypothese. Zur Wahl stehen folgende Nullhypothesen:

H_0: Das Medikament hat weniger als 10% Nebenwirkungen.

H_0: Das Medikament hat mehr als 10% Nebenwirkungen.

   a) Erläutere, wem welche Nullhypothese zugeordnet werden kann.

   b) Die Studie arbeitet mit 200 Testpersonen und einem Signifikanzniveau von 5%. Bestimme die passende Entscheidungsregel für die zweite Nullhypothese.

Aufgabe 283   **Lösung auf Seite 374**

Die lokale Stadtbücherei überlegt eine neue Version der Harry-Potter Bücher anzuschaffen. Die Anschaffung der Bücher soll nur erfolgen, wenn mehr als 60% Prozent der Kinder Harry-Potter mögen. Die Wahrscheinlichkeit, die Bücher irrtümlich nicht anzuschaffen, soll 10% betragen.
Daher entscheidet die Bibliotheksleitung, dass die Bücher angeschafft werden, wenn in einer repräsentativen Umfrage unter 50 Kindern die Nullhypothese „Mehr als 60% der Kinder mögen Harry Potter" angenommen wird.

   a) Bestimme die dazugehörige Entscheidungsregel.

   b) Stand bei der Wahl der Nullhypothese der finanzielle Aspekt oder die Zufriedenheit der Kinder im Vordergrund?

   c) Nimm nun an, dass tatsächlich nur 50% der Kinder Harry-Potter mögen. Wie hoch ist die Wahrscheinlichkeit einen Fehler zweiter Art zu begehen?

Aufgabe   284   **Lösung auf Seite 376**

Eine Münze wird 50-mal geworfen, dabei tritt 30-mal „Zahl" auf.

a) Kann man mit einer Irrtumswahrscheinlichkeit von 5% darauf schließen, dass die Münze nicht ideal ist?

b) Angenommen die Münze ist fair. Wie wahrscheinlich ist es, dass man sich entsprechend der Entscheidungsregel aus Teil a) dafür entscheidet, dass es sich tatsächlich um eine faire Münze handelt?

3.10 Moivre-Laplace

Aufgabe 285   **Lösung auf Seite 378**

Eine Fernsehserie hatte im letzten Jahr eine mittlere Einschaltquote von 10%. Das Management des Senders stellt die Nullhypothese auf, dass die Beliebtheit des Sender im letzten Quartal etwas abgenommen hat.

Dazu sollen 200 Personen mittels einer Telefonaktion befragt werden. Man möchte eine Sicherheit des Ergebnisses von mindestens 95% erreichen. Wie muss der Annahme und der Ablehnungsbereich gewählt werden?

Benutze die de-Moivre-Laplace Näherung.

Aufgabe 286   **Lösung auf Seite 379**

Nimm an, dass der IQ einer Person als eine binomialverteilte Zufallsvariable mit Erwartungswert $\mu = 100$ und Standardabweichung $\sigma = 15$ beschrieben werden kann. Bestimme die Wahrscheinlichkeit, dass

a) der IQ einer Person zwischen 85 und 110 liegt.

b) der IQ einer Person größer als 100 ist.

c) der IQ einer Person kleiner als 70 ist.

Benutze die Näherungsformel von de-Moivre-Laplace.

3.11 Umfangreiche Aufgaben

Aufgabe 287   Lösung auf Seite 380

Ein Glücksrad ist in zwei Sektoren eingeteilt. Die Sektoren sind mit den Zahlen 1 und 2 bezeichnet. Dabei umfasst der Sektor mit der Zahl 1 einen Winkel von 120 Grad.

a) Das Glücksrad wird dreimal gedreht. Wie groß ist die Wahrscheinlichkeit für folgende Ereignisse:

   A: „Die Zahl 1 tritt genau zweimal auf "

   B: „Es ergibt sich dreimal dieselbe Zahl "

   C: „Die Summe der Zahlen ist fünf "

b) Das Glücksrad wird so oft gedreht, bis die Summe der Zahlen mindestens vier beträgt. Wie oft muss man im Mittel drehen?

c) Wie oft muss das Glücksrad mindestens gedreht werden, damit mit mindestens 99%-iger Sicherheit, mindestens einmal eine Eins erscheint.

d) Bei einem Glücksspiel wird das Glücksrad zweimal gedreht. Erscheint dabei zweimal die Zahl 1, so erhält man 2 Euro, erscheint zweimal die Zahl 2, so erhält man 1 Euro. Der Einsatz pro Spiel beträgt 1 Euro. Wie hoch ist der Erwartungswert für den Gewinn? Damit das Spiel fair ist, sollen die Sektoren neu eingeteilt werden. Mit welcher Wahrscheinlichkeit p muss dazu die Zahl 2 erscheinen?

Aufgabe 288   Lösung auf Seite 383

a) Berechne die Wahrscheinlichkeit, dass man bei einer Lottoziehung mit einem Tipp einen Sechser erzielt. Wie groß ist die Wahrscheinlichkeit, wenn man 20 Tipps in einer Runde abgibt?

b) Wie groß ist die Wahrscheinlichkeit, dass man mindestens fünf Richtige hat?

c) Wenn man ein Jahr lang bei jeder Runde einen Tipp abgibt, wie groß ist dann die Wahrscheinlichkeit, dass man mindestens einmal einen Vierer hat?

d) Pro Runde werden 20 Tipps abgegeben. Wie viele Runden muss man mindestens spielen, um mit mindestens 80%-iger Wahrscheinlichkeit, mindestens einen Sechser zu erzielen?

Aufgabe 289   Lösung auf Seite 385

Ein Professor erstellt eine Statistik zu seiner Grundlagenvorlesung. Insgesamt nehmen 350 Studenten an seiner Vorlesung teil. Jedoch besuchen nur 210 davon auch regelmäßig die angebotenen Tutorien. Von den Studenten, die die Tutorien nicht besuchen, bestand lediglich ein Viertel die Klausur. Lediglich 30 Studenten besuchten ein Tutorium und bestanden die Klausur nicht.

a) Mit welcher Wahrscheinlichkeit bestand ein zufällig ausgewählter Student die Klausur? Runde dabei auf eine Nachkommastelle.

b) Untersuche, ob der Besuch der Tutorien und das Bestehen der Klausur statistisch unabhängige Ereignisse sind.

Üblicherweise bestehen 70% der Studenten die Klausur.

c) Lag das Ergebnis der diesjährigen Klausur innerhalb einer Standardabweichung um das erwartete Ergebnis?

Da es unter den Studenten zu Beschwerden kam und sie die Statistik des Professors anzweifeln, erhebt das Studentenwerk eine eigene Statistik. Dazu befragen sie 100 Studenten.

d) Nimm an, dass die Statistik des Professors zutreffend ist. Mit welcher Wahrscheinlichkeit ergibt die Umfrage, dass

    i) mehr als 30 aber weniger als 70 der Befragten die Klausur bestanden haben?

    ii) mehr als die Hälfte der Befragten die Klausur bestanden haben?

Benutze dazu das Ergebnis aus Teilaufgabe a).

Die Umfrage ergibt, dass 47 der Befragten die Klausur bestanden haben.

e) Kann man sich mit einer Irrtumswahrscheinlichkeit von weniger als 5% sicher sein, dass höchstens die Hälfte der Studenten die Klausur bestanden haben?

f) Mit welcher Wahrscheinlichkeit begeht man einen Fehler zweiter Art, wenn die Statistik des Professors zutreffend war? Beziehe dich dabei auf Ergebnisse aus den Teilaufgaben a) und e).

Zur angesetzten Nachholklausur treten 90 Studenten an. Die Klausur wird in zwei Räumen geschrieben. Der eine hat 40, der andere 50 Plätze.

g) Wie viele Möglichkeiten gibt es die Studenten den zwei Räumen zuzuordnen?

Für den mündlichen Teil der Prüfung sollen die Studenten in Fünfergruppen eingeteilt werden.

h) Wie viele Möglichkeiten gibt es hierbei, wenn man nur die Studenten im kleineren der beiden Räume betrachtet?

Aufgabe 290 **Lösung auf Seite 389**

In einer Fabrik werden Computerteile gefertigt. Bei der Fertigung gibt es zwei Arbeitsschritte, bei denen Mängel am Produkt entstehen können. Dies kann in folgendem Baumdiagramm dargestellt werden. Hierbei definieren wir die zwei folgenden Ereignisse:

M1: „Im ersten Arbeitsschritt tritt ein Mangel auf."

M2: „Im zweiten Arbeitsschritt tritt ein Mangel auf."

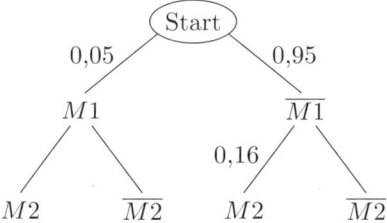

a) Vervollständige das Baumdiagramm, wenn angenommen werden kann, dass die Ereignisse $M1$ und $M2$ stochastisch unabhängig sind.

b) Mit welcher Wahrscheinlichkeit ist ein zufällig ausgewähltes Teil fehlerhaft? Runde auf zwei Nachkommastellen.

Eine bessere Fertigungsanlage senkt die Fehlerwahrscheinlichkeit im zweiten Arbeitsschritt auf 5% und hat eine erwartete Lebensdauer von einer Million Teilen. Sie kostet allerdings 800.000 €.

c) Ist die Investition in eine neue Fertigungsanlage statistisch sinnvoll, wenn jedes fehlerfrei gefertigte Teil für sieben Euro verkauft wird?

d) Warum könnte es trotzdem sinnvoll sein die neue Maschine zu kaufen?

Der Vorstand beschließt trotzdem die Investition zu tätigen. Zur Finanzierung soll die Gehälter unproduktiver Mitarbeiter gekürzt werden. Dazu werden die Fehltage aller Mitarbeiter in den letzten 100 Tagen betrachtet werden. Hat ein Mitarbeiter mehr als 10% Fehltage wird sein Gehalt um 15% gekürzt. Die Entscheidung soll mit Hilfe eines Signifikanztests getroffen werden. Dabei soll möglichst vermieden werden, das Gehalt des Mitarbeiters zu Unrecht zu kürzen.

e) Gib eine passende Nullhypothese an und ermittle die entsprechende Entscheidungsregel für ein Signifikanzniveau von 10%. Nimm an, dass es sich bei den Fehltagen um eine binomialverteilte Zufallsgröße handelt.

f) Warum ist es möglicherweise falsch, die Fehltage als binomialverteilt anzunehmen?

Nach der Anschaffung der neuen Maschine soll getestet werden, ob diese hält, was sie verspricht. Dazu werden 50 der neu gefertigten Teile untersucht. Nimm an, dass die Maschine tatsächlich die angegebenen Spezifikationen erfüllt. Mit welcher Wahrscheinlichkeit sind...

g)   i) genau fünf Teile fehlerhaft?

    ii) weniger als fünf Teile fehlerhaft?

h) Wie viele Teile müssen mindestens untersucht werden, damit sich mit einer Wahrscheinlichkeit von mindestens 99% mindestens ein fehlerhaftes darunter befindet?

Notizen